JN199102

JAの価値と役割

石田正昭・小林　元 編著

全国共同出版

はじめに

　本書は、『農業協同組合経営実務』本誌2016年4月号から2017年3月号まで掲載された特集「JAの役割と価値」をとりまとめている。本書の位置付けは、2015年に発刊された「JAの運営と組合員組織」、また2016年に発刊された「JA新流－先進JAの人づくり・組織づくり」に続く、3巻目となる。と同時に、この3冊の間に巻き起こった「農協改革」の中での、今後のJAのあり方を探ること、その道標の一助となることを企図している。

　敢えて本書を含む3冊を一連の著作と考えるならば、それは、まさに農協改革に歩を合わせることとなる。1冊目にあたる「JAの運営と組合員組織」の企画を検討していたのは2014年の初冬であった。

　前年12月に、「減反政策の廃止」と喧伝された四つの農業農村政策が公表され、農地中間管理事業の開始、経営所得安定対策の改革、生産調整政策の見直し、日本型直接支払い制度の開始が決定した。その背後には、TPP（環太平洋パートナーシップ協定）の締結に向けた議論があり、さらには規制改革会議などをはじめとする、いわゆる財界農政ともいうべき存在があった。

　農協改革もその俎上に上るのではないか、との議論の裏側では、いわゆる営農経済改革プランが策定され、14年3月の慌しい中での農協系統内の組織協議が行われた。しかし、本命は、その後の全中解体論や、全農株式会社論などにあり、それは2014年6月の規制改革実施計画で全貌を現すことになる。そこからは、准組合員の事業利用規制なども飛び出し、与党のとりまとめを経て改正農協法へと至った。

　こうした農協改革の議論を先取りするつもりはなかったが、そもそも、農協系統自らの自律的な改革もまた、求められていたのが2014年前後である。1990年以降、1,000農協構想やJAバンク化、全農統合など、農協

系統はその組織再編を進めてきた。それは、どちらかというと経営の安定性と継続性に主眼が置かれ、その中で単位農協は広域合併が進み、また支所支店、施設や事業の統廃合が進められてきた。

　ようやく、こうした組織再編にひと段落が着いたのが2010年代に入ってからであり、2012年の第26全国農協大会では、「次代につなぐ協同」を掲げ、いよいよ協同組合としての協同の内実を高める運動が始まりつつあった。言いかえれば、容器としての組織再編に目処がつき、いよいよ協同組合としての価値を高める運動に入るところだったわけである。

　こうした環境の中で、「JAの運営と組合員組織」の連載は始まったわけだが、その含意は、協同組合としての価値の源泉としてあらためて組合員そのものに目を向けること、特に協同の内実を高める組合員組織にその可能性を求めた点にある。そして、組合員組織の視点から、単位農協と農協系統の運営そのものにアプローチしようとした点に特徴があった。

　2冊目の「JA新流－先進JAの人づくり・組織づくり」は、改正農協法を視野に入れつつ、また農協系統の第27回全国農協大会での決議、「創造的自己改革への挑戦」の3本柱である農業者所得の増大、農業生産の拡大、地域の活性化を念頭におき、その企画が検討された。

　しかし、企画は改正農協法への対応や、農協系統の自己改革には、その表側を合わせていない。いわば他律的に進められた農協改革と、ある意味でその他律的な改革に歩み寄らざるを得なかった「大会決議の中での自己改革」とは少し距離を置いたうえで、あくまで単位農協自らの「改革」に資することが目的とされている。

　それは単位農協と農協系統が、危機においてあらためて、組合員を主人公とする協同組合であることを再確認し、組合員を中心に、役職員と共に単位農協に結集することに力点をおいている。

　そのため、農協改革、自己改革に関わらずに、協同組合としての戦略を進めてきた単位農協の実践から学ぶ構成となった。①単位農協の社会

的価値と役割を明確にした経営戦略、②経営戦略を実践するための人材育成、③協同の内実を高めるためのさまざまな活動や学習の三本柱は、どちらかというと単位農協の役職員に向けた構成である。

　そして、3冊目の本書「JAの役割と価値」となる。これまでの2冊は、どちらかと言えば、単位農協の現場の実践に何らかの形で資するものを、との思いをこめて実践的な色合いが強かった。対して、本書は、単位農協と農協系統の役職員の思いに寄り添うところを企図して企画された。

　他律的な農協改革、農協系統の自己改革、いずれも現場の役職員にとっては見えにくいところもあるであろう。なぜ、改革なのか、同時に従来の業務も積み重なる。しかしながら、そうした日常の業務の中でも、改革を通じて「JAの価値と役割」は問われ続けている。総合農協が果たしうる価値なり役割というものを再確認する必要があり、その価値と役割に自信を抱くことができなければ、役職員にとってはめざすべき姿なり、姿勢なりは見えにくい。

　本書では、特に全国段階の事業連や組織の最前線で活躍された方々の論考を中心に据えている。農協運動の現場で活躍される、もしくは活躍されてきた先達が、「JAの価値と役割」をどこに見てきたのか、それと自身が描く、もしくは抱く「JAの価値と役割」を照らし合わせることで、自らのめざすべき姿なり、姿勢が見えてくるのではないだろうか。本書が、読者、特に単位農協の役職員にとっての「鏡」とならんことを期待したい。本書が「JAの価値と役割」を考えるうえでの一助となれば幸甚である。

平成29年9月

編者を代表して　小林元

目　　次

序 章

農協法改正を巡る論点

石田 正昭
龍谷大学　農学部　教授

1．はじめに

　今回の改正農協法、これを「了」とする者は現場にはいないという特徴を持つ。多くの農協人は、何故このような「農協つぶし」の法案が政府・政権側から国会に提出され、与党その他の圧倒的多数の賛成のもとで承認されたのか、いまだに理解できないでいるのではないか。かくいう筆者もその一人である。

　今回の農協法改正は、直接的には「農協つぶし」の意図を持っているが、同時にそれは「協同組合つぶし」、言いかえれば、この日本に「協同組合は邪魔だ、排除したい」と考える勢力が台頭、成長していることをあらわしている。農協人というよりも、協同組合人として、この危険な動きに注意深く対処しなければいけないと考えている。

　では何が問題なのか。これを見るために、農水省の Web サイトに掲載されている『農業協同組合法等の一部を改正する等の法律の概要』を引用したい（次頁参照）。このペーパーは、農水省の公式見解として『JA金融法務』（2016年2月号）でも紹介されている。ただし、ここでは農協法に関係する部分だけを掲載している。

農業協同組合法等の一部を改正する等の法律の概要（抜粋）

（平成27年法律第63号）

平成27年9月4日公布
平成28年4月1日施行

【趣旨】

農業の成長産業化を図るため、6次産業化や海外輸出、農地集積・集約化等の政策を活用する経済主体等が積極的に活動できる環境を整備する必要がある。

このため、農協・農業委員会・農業生産法人の一体的な見直しを実施する。

【改正の概要】

◎ 地域農協が、自由な経済活動を行い、農業所得の向上に全力投球できるようにする

【経営目的の明確化】（第7条）

農業所得の増大に最大限配慮するとともに、的確な事業活動で高い収益性を実現し、農業者等への事業利用分量配当などに努めることを規定する

【農業者に選ばれる農協の徹底】（第10条の2）

農業者に事業利用を強制してはならないことを規定する

【責任ある経営体制】（第30条第12項）

理事の過半数を原則として認定農業者や農産物の販売等に実践的能力を有する者とすることを求めることを規定する

【地域住民へのサービス提供】（第4章第1節から第3節まで）

地域農協の選択により、組織の一部を株式会社や生協等に組織変更できる規定を置く

◎ 連合会・中央会が、地域農協の自由な経済活 動を適切にサポートする

【全農】（第4章第1節）

全農がその選択により、株式会社に組織変更できる規定を置く

【都道府県中央会】（附則第12条から第20条まで）

経営相談・監査・意見の代表・総合調整などを行う農協連合会に移行する

【全国中央会】（附則第21条から第26条まで／第37条の2）

組合の意見の代表・総合調整などを行う一般社団法人に移行する。また、農協に対する全中監査の義務付けは廃止し、代わって公認会計士監査を義務付ける

（引用先　http://www.maff.go.jp/j/law/bill/189/pdf/noukyou0.pdf）

2．「改正農協法の趣旨と概要」の点検

(1) 農業の成長産業化

　まず【趣旨】については、「農業の成長産業化」というレッテル貼りが第一に問題である。これにより、アベノミクスの三本の矢「大胆な金融政策、機動的な財政政策、民間投資を喚起する成長戦略」の一環に農業が組み込まれたことを意味する。農業を成長産業化の軌道に乗せることに異議を唱える者はいないだろうが、さりとてそれが容易なことかといえば、大きな疑問符をつけなければならない。個別の農業経営レベルでの「成長経営」はありうるが、農業全体の「成長産業化」は想定できない。ましてや政府・政権側が進めている TPP（環太平洋連携協定）なり日・EU 経済連携協定の発効が予想される中で、とてつもなく高い目標設定だというのが衆目の一致したところであろう。

　この点について、筆者の読みは次の２点に尽きる。

　一つは、成長戦略の一環に農業を組み込むことによって、数ある農政課題を農水省マターではなく、内閣官房（首相官邸）マターとすることが可能となり、農水族議員や農水官僚の活躍を封じ込むことに成功したことである。また、これによって経済財政諮問会議、産業競争力会議、規制改革会議（現・規制改革推進会議）等における素人談義が、農政立案の主導権を握ったことを意味する。

　もう一つは、実現可能性の乏しい高い政策目標を掲げることによって、将来起こることが確実視される失敗（農業の成長産業化の失敗）は、その原因を農協になすりつけることができるようになったことである。言いかえれば、「農協が動かないから、農業生産額も農業所得も増えないのだ」という誤った認識を国民に植えつけるための布石とみることができる。典型的な責任転嫁論である。

　虚心坦懐に考えれば、日本農業のめざすべき姿は「成長産業化」ではなく、国民・消費者に広く受け入れられるような「安全・安心な基礎的食料の提供」ではないか。そのために農業者が全力投球をする、またそれを誘導・支援するような農協をつくる、というのが正しい方向性だと

思う。

(2)　政策を活用する経済主体等

　【趣旨】における第二の問題は、「政策を活用する経済主体等」についてである。農協には数多くの利害関係者（ステークホルダー）がいるが、６次産業化や海外輸出、農地集積・集約化等の政策を活用する経済主体は誰かといえば、その対象はおのずと限られる。具体的には、認定農業者、農業法人、法人化を予定した集落営農ということになる。

　ＪＡ全中の第27回全国大会組合員説明資料『創造的自己改革への挑戦』によれば、組合員類型は、「担い手経営体」（販売金額1,000万円以上の経営体）、「中核的担い手」（同300万円以上）、「多様な担い手」（同300万円未満）に分けられ、そのうえで、各類型の正組合員シェアと販売シェアは、担い手経営体が８％、６割、中核的担い手が13％、２割、多様な担い手が79％、２割という推計が掲載されている。

　仮に国がいう「政策を活用する経済主体」を担い手経営体と中核的担い手とみなせば、この２類型を合計した正組合員シェアは21％、販売シェアは８割となる。「２割の組合員が８割の販売額を担う」、つまりは農業の現場においても、ほぼ完璧に“二・八（ニッパチ）の原則”が成立しているのである。

　考えてみれば、企業においても、官公庁においても、あるいは協同組合（事業体としての協同組合）においてもそうであるが、“ニッパチ”のような多様性のある組織こそが、活力ある組織、あるいは人的にスペアのある組織を生み出す源泉であり、「非効率だ」として即座に否定すべきものではない。そういう現実があるにも関わらず、国は今回の改正農協法をテコに、農業の多様性を否定し、一・九（イチキュー）あるいはそれ以上の比率に農業者を両極分解させようとしている。地域農業、地域社会の崩壊にもつながるような、こうした格差拡大の動きはたいへん危険である。

　われわれの眼前に広がる農業は、アメリカやオーストラリアなどの新開国の農業ではない。ヨーロッパやアジア諸国にみられる旧開国の農業

である。そこには身近なところにマーケット（消費市場）があり、家族を単位に営農と暮らし（経済と社会）が一体的に営まれ、分散錯圃制のもとで水の共同利用が行われるとともに、農業者と非農業者とが共生するような地域社会が基礎条件として成立している。アメリカの金融・通商政策や外交政策から学ぶべき点は多いが、だからといってわが国の農業政策がそれらと一体化する必要はないし、理由もない。アベノミクスに農業を含めること自体が間違いだと言わざるをえない。

　さらに問題視すべきは、「政策を活用する経済主体」の後ろに「等」という行政的な常套句が加わっていることである。この「等」が誰を意味するのかはよくわからない。しかし、西川元農相が「農業所得の増大」に関して述べたことを斟酌すれば、食品製造業、流通業などの農業関連産業が含まれていることは間違いない。加えて、農地所有を通して農業参入を果たそうとする農外企業や、農協と競争関係にある国内企業、さらには、日本の農業農村市場に高い関心を寄せる内外のグローバル企業なども含まれていると考えるのが自然ではないか。

　「農協の価値と役割」は、国が考えるような、経済偏重の、至って狭いものではない。とりわけ戦後農協には、戦後創設された自作農を保護するという歴史的な価値と役割が与えられている。戦後自作農から出発し、現在は多様な形態に分化しているが、農業センサスの「土地持ち非農家」（その定義は「経営耕地面積が10アール未満かつ農産物販売金額が年間15万円未満の世帯」のうち「耕地および耕作放棄地を5アール以上所有する世帯」という複雑なものであって、決して純粋な非農家ではないことに注意を要する）を含めて、組合員の福祉（アマルティア・センのいうウエルビーイング）の向上を、組合員の相互扶助（協同）によって実現するという大きな使命はいささかも衰えていないというべきである。

(3) 「このため」という接続詞

　以上(1)(2)の問題を集約するうえで、決して容認することのできない表現が「このため」という接続詞である。「このため、農協…（中略）の一体的な見直しを実施する」と記せば、それはあたかも国がめざす農業

の成長産業化を阻止する抵抗勢力が農協である、というレッテルを貼っていることに等しい。そんな一方的な位置づけは許されるのか、あるいは、いったいどこをみて農協人を苦しめるようなことを言っているのか、と言わざるをえない。

協同組合は、「自由・自主・民主」の協同組合原則のもとで運営されている民間団体である。この民間団体に「認可権」を振りかざし、実質的に統治しているのが国や地方公共団体ではないのか。自分たちの行っている統治の方法は、国際的には認めがたいものであるという自覚が完全に欠如している。

自分たちが思い描くような農協（協同組合）にする、という国の基本姿勢については、歴史的にみれば、産業組合も然り、戦後農協も然りであって、間違いではなかったのかもしれない。だからこそ、この手法を今後も継続することには正当性がある、と主張するのかもしれない。しかし、そこには「作ったのは俺たちだから、つぶすのも俺たちの勝手だ」といった国（役人）の“おごり”が見え隠れする。

筆者に言わせれば、農協法を改正するというのであれば、今回のような“認可主義”の徹底ではなく、会社法と同じように“準則主義”に基づく純粋の組織法として構想すべきものであった。協同組合人が期待するところはそれであったし、それが正論でもあった。しかし、そんな淡い期待は完全に裏切られた。

今回の農協法改正については、今までもそうであったように、組合員たちの関心が高まっていないという現実がある。何故だろうか？組合員たちがアベノミクスに賛成しているからなのか。そうではない。従来と同様に、「およそ自分たちとは関係のない話だ」「農協法が改正されて困るのは事業体としての農協（役職員）だ」「最後はお国が何とかしてくれるだろう」といった理解にとどまっているのではないのか。政府・政権側の長けたマスコミ操縦術が奏功している面もある。

しかし、農協がつぶれて困るのは誰か？販売金額で上位２割の組合員のための農協になれ、より具体的には営農部門だけを執行する専門農協になれ、といわれて、その通りにしたら、どんなことが起こるのか。信

用・共済事業が外され、准組合員数にキャップ（上限）が設定されたならば、農協経営は直ちに行き詰まり、今行われている営農サービスは維持できなくなる。そこに忍び寄るのが、TPP や日・EU 経済連携協定で活躍の場を与えられる内外のグローバル企業である。将来的に上位 2 割の農業者たちが彼らの格好のお得意さんとなることは目に見えている。

　これまでとは違って、今回の農協改革の本質は組合員攻撃だ、あるいは農業者攻撃だという理解を、いち早く浸透させていかなければならない。この動きは決して後戻りしないぞ、という理解を組合員に早く定着させなければならない。ということは、施行後 5 年という検証期間のなるべく早い時期に、反対運動の成果を出すことが求められている。国は本気である。これに対抗するためには組合員も本気にならなければいけない。

⑷　【改正の概要】地域農協について

　【改正の概要】のうちの地域農協については、個々の条項（規定）も問題ではあるが、最大の問題は、冒頭の「◎地域農協が、自由な経済活動を行い、農業所得の向上に全力投球できるようにする」という言明である。

　そこからは、地域農協が自由な経済活動を行っていない、農業所得の向上に全力投球していない、といった誤った事実認識が前提条件になっていることが読み取れる。実際にそのような地域農協があるのかもしれない。しかし、それは木を見て森を見ないことに等しい。あるいは、どこの農協も抱えているであろう、反農協派の批判だけを意図的にピックアップして言ったものにすぎない。

　これに関連して、われわれはいくつかの論点を提示できる。

　第 1 は、国は、地域農協が自由な経済活動を行っていない元凶が、後に述べるように、連合会と中央会であるという構図を描いていることである。しかし、これは完全に的外れの議論である。自由な経済活動を行っていないとすれば、その元凶は連合会・中央会ではなく、「認可権」を振りかざし、農協系統組織（地域農協と連合会・中央会）を実質的に統

治している行政庁（国および地方公共団体）に他ならない。問題のすり替えが起こっていると言わざるをえない。

第2は、地域農協の中には必ず反農協派がいることである。彼らの主張は、農協側から見れば、たいていが「外野席からの批判」である。たとえば、「農協の計画等を見ると、営農指導の充実が書かれていますが、文章のみで一向に実践がありません」（「『農協改革ボックス』に寄せられた提言（抜粋）」農水省Webサイト掲載資料）などはその典型と思われるが、この種の批判が生まれてくる背景を深く理解しないと、本質的な議論は成立しない。

その一つは、有利販売・有利調達の面で、自分の役に立っていないから農協事業を利用しないという「農協事業の非利用者」（＝アウトサイダー）の批判が多いことである。こうした批判は外に向けられる前に、内に向けられてこそ価値があるが、その過程が欠落している。言いかえれば、自らが農協事業を積極的に利用したうえで、改善すべき点はこれを組合員の総意として打ち出す必要がある。

もう一つは、農協批判の根底には、農協の民主的運営への疑問が横たわっていることである。農協運営の基本は、伝統的なムラ社会の運営方法を反映して「満場一致ルール」が適用されるため、意思決定に時間がかかり、本質的な改革が見送られることが多い。改革に要する時間ロス、チャンスロスにいらだちを募らせた農業者たちが、アウトサイダー化していく。経営規模の大きい人にはメリットであっても、経営規模の小さい人にはデメリットになる。この種の利害対立に関する内部調整が引き金となって、農協批判派が形成されることになる。

「満場一致ルール」のもう一つの問題は、それを追求する過程で「同調圧力」が強まることである。反農協派にとっては「あいつが反対するからまとまらない」といった“地元の重鎮”による声なき声が大きなプレッシャーとなって働く。反農協派はこうした「同調圧力」を嫌って農協から飛び出し、農協攻撃に走るようになるが、生産と生活とが一体化している農業農村にあっては、あるいは“お互い様”を基本とした「長期決済」によって関係者間の公平性を期そうとする農業農村にあっては、

不当な意思決定の方法とはいえない。

　次に、地域農協に関する個々の条項（規定）については、次のような問題が指摘できる。

【経営目的の明確化】（第7条）

　第7条第1項「組合員への最大奉仕」の規定を上塗りするかのように、第2項で「農業所得の増大に最大限に配慮する」と規定した意図は何であろうか。この点を巡っては、将来的に導入が危惧される准組合員事業利用規制への布石だとする見方や、「職能組合かつ地域組合」という農協の性格規定を根本から変えて、「職能組合」へと純化させるための布石だとする見方が提示されている。その通りだと言わざるをえない。

【農業者に選ばれる農協の徹底】（第10条の2）

　「農業者に事業利用を強制してはならない」とはどういう意味か不明である。自らの判断で「事業を利用するために組合に加入する」（加入脱退の自由）というのが協同組合であるから、「強制してはならない」というような、おぞましい表現の規定が農協法（協同組合法）の中に盛り込まれること自体が異常である。仮にこうした強制の事実があるとすれば、それ自体が独禁法違反として摘発されるべきものである。

【責任ある経営体制】（第30条第12項）

　「理事の過半数を原則として認定農業者や農産物の販売等に実践的能力を有する者とする」という規定は、農協運営に対する国の過剰な干渉である。どのような人を理事に選ぶかは（正）組合員の権利に属するものであって、その正当な権利の侵害に当たる。

　もとより認定農業者や農産物の販売等に実践的能力を有する者が選ばれることは望ましい。しかし、その構成員数に外形的基準をあてはめることは認められない。選ばれるか選ばれないかは、その候補者の人望によって決まるべきものである。とりわけ、自らの農業経営に全力を傾注しなければならない認定農業者等が、組合員の代表者として相応しい活動を行う時間が十分に確保できるかどうかも疑問である。月一回の理事

会や専門委員会に出席して事足れり、という性質のものではない。

【地域住民へのサービス提供】（第4章第1節から第3節まで）

　「地域農協の選択により株式会社や生協等に組織変更できる」という規定は「できる」規定であって、組織変更を強制するものではない。その限りでは実質的な影響はないと考えられるが、国の意思は、そんな軽いものではない。将来的には総合農協を事業別に分社化させ、農業農村市場に高い関心を寄せる内外のグローバル企業に対して格好の投資先を提供しようするものである。もちろん、その背景にはTPPや日・EU経済連携協定の発効が想定されているが、「協同組合を嫌い、株式会社を好む」ような、グローバル経済化をよしとする国家意思が反映されている。

(5)　【改正の概要】連合会・中央会について

　【改正の概要】のうちの連合会・中央会については、個々の条項（規定）も問題ではあるが、最大の問題は、冒頭の「◎連合会・中央会が、地域農協の自由な経済活動を適切にサポートする」という言明である。

　これを裏返していえば、「地域農協の自由な経済活動を妨げているのが連合会・中央会である」といった誤った事実認識が、政府・政権側で共有されていることを表している。確かに連合会・中央会が、地域農協のニーズから積み上げていくような「補完性の原理」によって組織され、運営されているのかといえば、大いに疑問がある。しかし、だからといって、この種の国による過剰な干渉は許されるものではない。

　次に、個々の条項（規定）については、次のような問題がある。

【全農】（第4章第1節）

　全農が自ら進んで株式会社化を選択する余地は小さい。協同組合に留まる意義は大きく、仮に大企業と同じように「協同組合に対する軽減税率」の適用除外を受けたとしても、協同組合として留まろうとするだろう。その理由には二つあって、一つは株式会社への転換によって「独占

禁止法適用除外」の措置が受けられなくなることである。これによって共同購入、共同販売の道は完全に閉ざされてしまう。

　もう一つは、株式会社に転換すると、全農事業に魅力を感じる内外のグローバル企業、たとえばアメリカの穀物メジャーや生物化学メーカーの餌食となることが予想されることである。当面は株式公開が見送られたが、仮にTPPや日・EU経済連携協定が発効すれば、内外のグローバル企業から全農の株式非公開は不公正な措置だとして、日本政府に圧力がかかることが予想される。また、日本政府もその圧力を利用して、全農に公開会社化を迫るような事態の招来が予想される。

【都道府県中央会】（附則第12条から第20条まで）

　全国中央会は一般社団法人（一社）、都道府県中央会は農協連合会、という意図的かつ差別的な規定は、今回の改正農協法の中でももっとも醜悪な部分である。「何故そうなのか」という問いかけに対して、国から合理的な説明はない。「農協側（全中）が受け入れたから」とする回答が返ってくるだけである。全中の一社化（＝JA全国監査機構の監査法人化）と准組合員事業利用規制とを天秤にかけ、いずれかの選択を迫った政府・政権側も、一社化を受け入れた農協側（全中）も、ともに汚点を残す結果となった。

　改正農協法では全国中央会も都道府県中央会も同じ措置を受けているが、その設置（名称、事業を含む）の規定は附則に記されており、次の農協法改正時には削除される運命にある。附則は本則と同じ効力を持つが、あくまでも「経過的措置」に過ぎないからである。つまりは、本則のどこにも中央会の規定はなくなる。このため、中央会の事業、具体的には「経営相談」「監査」「代表」「総合調整」は、すでに規定から除外されている「教育」「調査・研究」と並んで、改正農協法第10条（事業規定）の中の「付帯事業」の扱いを受けることになる。

【全国中央会】（附則第21条から第26条まで／第37条の２）

　全国中央会の一社化とJA全国監査機構の監査法人化は一体のものである。農協法で措置されない一社化であるから、今後、全国中央会は何

をやってもいい（農水省の認可を受けなくてもいい）という「自由」を得ることになる。

「自由」を得る反面、全国中央会（ならびに都道府県中央会）を農協系統組織の指令塔としてどのように機能させるかについては、会員の意思によって決まることになる。財政問題を含めて、その方向づけが今後の課題である。

全国中央会の一社化（弱体化といってもいい）が政治的な標的とされたことには、それなりの理由がある。その最大の理由は、安倍政権が重要課題とする TPP 批准に向けての最大の抵抗勢力とみなされたことである。比ゆ的にいえば、「うるさい、つぶせ」というものである。これに関連して、もう一つの大きな理由は、内外のグローバル企業に活躍できる場を与えるというのが TPP の主要な眼目であるが、総合事業（信用・共済事業と営農・経済事業の兼営）の解消ないしは総合農協の解体に当たっては、その司令塔である全国中央会の解体を先行させる必要があると判断されたことである。

JA 全国監査機構の監査法人化、すなわち総合農協における公認会計士監査の義務づけは、監査が農水省マターから金融庁マターに移行することによって、農協ルールから金融機関ルールの適用へと転換することを意味する。それをどこまで徹底するかが当面の焦点であるが、少なくとも信金、信組など、その他の協同組合金融機関並みとなる可能性がある。さじ加減ひとつで、総合農協における信用事業分離（信連ないし中金への事業譲渡）、いわゆる農協信用事業の代理業化に追い込むことが可能である。

3. 意図的に隠ぺいされた「准組合員事業利用規制」

ここまで農水省の Web サイトに記載されている『農業協同組合法等の一部を改正する等の法律の概要』を素材として、改正農協法を巡るいくつかの論点を提示してきた。しかし、この概要には記されていないが、地域農協にとっては最重要の問題が残されている。それが「准組合員事業利用規制」である。最重要の問題だからこそ「意図的に隠ぺいされた」

と言ってよいのかもしれない。

　これについては、改正農協法附則第51条第3項で次のようにうたわれている。

　「政府は、准組合員の組合の事業の利用に関する規制の在り方について、施行日から5年を経過する日までの間、正組合員及び准組合員の組合の事業の利用の状況並びに改革の実施状況についての調査を行い、検討を加えて、結論を得るものとする。」

　この規定には、行政庁に、どんな根拠があって、正組合員と准組合員の事業利用調査を行う権限が生まれるのか、という根本問題がつきまとう。根拠なしの調査であれば、「自由・自主・民主」の協同組合に対する不当な介入である。と同時に、どれだけ調査したところで准組合員の事業利用権（財産権の一種とされる）を奪うことは国も農協もできない。というのは、准組合員から訴訟を起こされれば、国や農協が敗北することはほぼ確実だからである。

　ただし、この准組合員事業利用規制については、すでに准組合員となっている者の事業利用権は奪えないが、新たに准組合員となろうとする者については、その上限を設けることによって、量的制限をかけることが可能である。早い話が「これ以上、准組合員を増やすな」という命令は下せる。同時に、この命令には、仮に農協がこれ以上准組合員を増やしたいのであれば、その農協は営農関連事業を除く諸事業を外出しして株式会社や生協に転換するか、連合会・農林中央金庫（農林中金）に事業を譲渡するのであれば許される、と措置することが可能である。要するに、信用事業分離を実行させるために編み出された准組合員事業利用規制なのである。

　この点で、参議院農林水産委員会の附帯決議は院の良識を示したと評価できる。具体的には、附帯決議第3項で「准組合員と正組合員との比較等をもって規制の理由としないなど、地域の重要なインフラとして農協が果たしている役割や関係者の意向を十分踏まえること。また、農協法第7条について、准組合員の事業利用を規制するものでないことなど、改正趣旨を周知すること」とうたった。

そもそも、信用事業分離に追い込むための方法として、准組合員事業利用制限は「ビーンボール」まがいの曲玉(くせだま)である。農協人は、この曲玉に惑わされることなく、もっと正当な方法があることにも注意を向ける必要がある。

　その一つはすでに述べたJA全国監査機構の廃止と新たな監査法人の設立であり、もう一つは、JAバンク法（農林中央金庫及び特定農水産業協同組合等による信用事業の再編及び強化に関する法律）を根拠法とする行政指導である。後者は今回の改正農協法とは関係なく、従来から行われてきたことの延長線上にあり、すでに東京都と大分県の小さな農協に対して実行済みの方法でもある。

　比ゆ的にいえば、都道府県中央会や都道府県の担当者を農水省に呼びつけ、営農事業が大きく信用事業が小さい農協に対しては「信用事業は重荷でしょ」と問いかけ、営農事業が小さく信用事業が大きい農協に対しては「農業所得の増大にどう取り組むの」と問いかける。言いがかりに近いが、信用事業分離へと追い込む方法として、今後多用される可能性が高い。

　そういう情勢ではあるが、改正農協法の施行後には准組合員事業利用調査が始まる。この調査とはつじつまが合わないが、旧来の監督指針（平成28年3月31日廃止）は「准組合員の事業分量を増大することが望ましい」と述べており、准組合員拡大には肯定的であった。しかし、同時に「准組合員の加入に際しては、①農協制度の目的・趣旨の理解の促進、②正組合員と准組合員との交流の促進、③准組合員の意見を事業に反映させる工夫が必要」とも述べている。

　平たくいえば、「准組合員を増やすことは認めるが、農業者の協同組合としてやるべきことはしっかりやれ」と注意を喚起していたのである。よく考えてみると、消防団などの地域活動への参加や食農教育などの地域貢献活動の展開など、地域へのアピールはたくさん行っているが、以上3点を実行している地域農協はそう多くはないのではないか。准組合員事業利用調査で、この点の事実確認が行われるのは必至である。今からでも遅くはない。準備万端整える必要がある。

4．農協改革の構想者は誰か

　以上述べてきたように、今回の改正農協法は、これを協同組合法としてみた場合、「できがよくない」。協同組合としての普遍性のみならず、農協が歩んできた歴史性への配慮が欠けているからである。農協のあり方を見直すといっても、根拠のない的外れの改革を強制している。

　こうした的外れの改正農協法は誰が構想したのか。実務的には農水省経営局であろうが、真の構想者は別にいるはずである。この問題を論じる場合、安倍政権の歴史的な立ち位置を見ることが重要である。

　安倍政権の主要政策を列挙すれば、①インフレターゲット論による異次元の金融緩和を日銀に実行させる、②中国脅威論の台頭のもと、憲法改正ではなく憲法解釈の変更によって「集団的自衛権」を法定化する、③内外のグローバル企業に活躍の場を与える TPP 協定や日・EU 経済連携協定を締結するとともに、抵抗勢力である医師会、農協を弱体化させる、④人口減少をテコに「地方創生」を提唱し、国と地方公共団体との共通目標化を通して中央集権体制を強化する、⑤6 次産業化や輸出産業化をテコとした農業の成長産業化を装いながらも、実は信用事業分離を主たる政策目標とする「農協改革」を地域農協に迫る、などが指摘できる。

　これらの政策に共通するのは、歪められた「従米主義」である。そして、それを仕組んだのは首相官邸に集められた、経産省などの主要官庁のエース級官僚であった。残念ながらそこには農水省の官僚は含まれていない。

　これら主要官庁は、第一次安倍政権から民主党・野田政権までの短命内閣の登場によって、主要な政策課題を効果的に打ち出せなかったことに、国際社会における日本の地位低下の原因があると危機感を募らせていた。長期政権の誕生を渇望していたのであるが、その点で、第二次安倍政権は、民主党政権のあまりのだらしなさや、自民党内の安倍一強体制が確立されたことなどから、長期政権化が期待でき、起死回生のチャンスが訪れたとして、エース級官僚を送り込んだ。都合のよいことに、

彼らエース級官僚からすれば、安倍首相は「御しやすい相手」であり、その "虎の威" を借りて反対者を脅し、主要政策を動かすことができるようになったと考えられる。

　言葉を換えれば、農協、農業委員会、農地制度（農業生産法人の要件緩和）などの「根拠のない的外れの」農業改革は、そうした主要官庁のエース級官僚の構想によるものである。そこに農水省のエリート官僚が援軍として駆けつけることによって、法律改正の準備が整えられていったとみるべきである。

　主要官庁主導型の素人談義による「官邸農政」の始まりであるが、人事面で農水族議員の封じ込めに成功するとともに、財界人、御用学者らで構成される経済財政諮問会議、産業競争力会議、規制改革会議等をうまく活用しながら、友誼的なマスコミを使って観測気球的な情報をいち早く流すことによって、世論誘導にも成功した。さらにはまた、ACCJ（在日米国商工会議所）との連携を図りながら、その「意見書」を "ゆさぶり" の材料としても使った。

5．農協は何をすべきか

　経済は重要であるが、経済優先主義では人は豊かにならない。人と人とのつながりを基礎にした助け合いの社会をつくることが、人と地域とを豊かにする。安部政権は、アベノミクスの断行によって、経済と社会のバランスを重視する協同組合の排除をめざしているが、この方向を追求すればするほど、貧富の差は拡大し、わが国でも既存政治家への不信は高まるばかりであろう。

　今回の改正農協法は、協同組合である農協にとって「根拠のない的外れ」の改革を強制するものである。農協人として、あるいは協同組合人として、これに厳しく対処する必要がある。では、農協は何をすればよいのか。

　第1は、准組合員の権利を侵すような「准組合員事業利用規制」や正組合員へのサービスを後退させるような「信用事業分離」への反対運動を直ちに始めるべきである。常勤役員自らが地域に出向いて辻説法を行

い、職員総動員体制のもとで、正・准組合員全員の反対署名を集めることが必要である。

第2は、（将来起こるであろう）准組合員事業利用規制の脅威に惑わされることなく、正組合員のみならず、准組合員の拡大を図り、組織事業基盤の強化を図るべきである。ただし、その実施に当たっては、現行の監督指針を踏まえることが重要である。また、正組合員の拡大に当たっては、正組合員資格の緩和（従事日数要件だけとする。たとえば東京は30日）を全国の共通課題として掲げる必要がある。それなしに正組合員の拡大はありえない。農協の農業振興の対象は、国がいうような「担い手経営体」「中核的担い手」だけではない。

第3は、国は法律（権限）を通じて農協の総合事業を解体しようとしているが、農協内部においても、事業別の縦割り機構が深化し、総合事業の解体が進んでいる。前者を「外からの解体論」とすれば、後者は「内なる解体論」とみなせる。この内なる解体論の制御方法をいち早く確立しないと、外からの解体論にも対抗できない。具体的には、教育文化活動を活用した「全員経営」の展開が必要である。

第4は、「内なる解体論」の促進者は、（不注意な）地域農協の常勤役員のみならず、連合会・農林中金ではないか。このため、地域農協内においても、また連合会・農林中金間においても、真に横串を刺すような新たなガバナンスの仕組みをつくる必要がある。事業横断的、組織横断的な観点からの、教育・人事面の再検討が必要である。

第5は、今回の農協法改正の経緯からもわかるように、国は農協を守ってくれない。むしろつぶそうとしている。農協は農協法によって守られている、という理解はすでに成立しない。では、誰が、何が、農協を守るのか。守れるとすれば、それは組合員ならびに他種類の協同組合（漁協、森林組合、生協、労協など）との連携である。このうち協同組合間の連携は、事業連携のみならず、組織連携にまで及ぶものでなければならない。ローカル・アライアンス（地域同盟）、ナショナル・アライアンス（全国同盟）の強化に向けた取り組みを開始することが求められている。

第1章
協同組合の役割と社会への認知を考える

阿高 あや（旧姓・千葉）

一般社団法人　JC総研

1．はじめに

　東日本大震災から6年が経過した。震災当時、筆者は福島大学の4年生で、無事に卒論が受理され、あとは卒業式を待つのみという状況であった。あれから今日に至るまで、福島県内の農協は、大学や他の協同組合とよく連携し、有機的に事業を起こし、それをスピーディに実施し、経験や情報を蓄積してきた。

　実家が農協と森林組合の組合員であったとはいえ、当時の筆者にとって協同組合は謎だらけの組織であった。なぜ農協が放射性物質の測定器をこんなにたくさん用意するのか。一般企業のCSRと協同組合の地域貢献は何が違うのか。なぜ生協職員が農家の桃畑の土壌を測定しにきてくれるのか。

　農協まつりの手伝いをするようになり、数名の農協役職員が少しずつ農協に導いて語って聞かせてくれた。この間、独創的で心ある復興の営みを目の当たりにした。さらには、ある農協の組合長からの「農協はなんでもできる」という教えを受け、必然的に協同組合が研究対象となった。

このような背景から協同組合の道に進んだ者としては、とうてい理解しがたいことがある。一つは政府によって強制的に農協の総合指導機関であるJA全中の性格変更を迫られたこと、もう一つは協同組合の認知度が低いこと[1]だ。無関係に見えるこの2項は、密接に連関している。この場合の認知度とは、協同組合が民主的組織であったり地域貢献してきたりという具体的性格についてであり、JAやコープそれ自体の名はいうまでもなく十分に浸透している。本稿では、協同組合の役割を新旧の根拠をもとに省察する。そして、地域社会に対する認知度向上の一助となることを願う。

※1　全労済協会・大高研道『協同組合と生活意識に関するアンケート調査結果』（全労済協会、2012年5月）によれば、協同組合を「よく知っている」（2.4％）、「知っている」（8.7％）、「だいたい知っている」（23.6％）で合わせて34.7％となった。

2．貢献度に比例しない認知度

　現在、日本には1,000万人近くの農協の組合員がおり、さらに農協、漁協、森林組合、生協、全労済、労協、労金、事業協同組合、信金・信組の組合員を重複計上すると8,000万人もの組合員が存在する[2]。実に、国民の2／3が、自覚しているかどうかは別として、協同組合の組合員となっている計算だ。もし、このマジョリティを本気で怒らせたら8年前の政権交代のようなどんでん返しの可能性があったことは、容易に想像がつくだろう。

　結論からいえば、現実世界では農協改革に怒りを覚えた国民による目立った動きは見られなかった。もちろん、直接的ステークホルダーである農協職員や彼らを支える協同組合研究者らは、最悪の事態を避けるために東奔西走したり、古典や法の解釈に盾を探ったりした。しかし、一般の人にとっては、JA全中の一社化や全農の株式会社化というニュースは、是非を問う以前の問題であり、「わからない」または「興味がない」という人が国民の大多数だったのではないだろうか。心の片隅で、「アラブの春」[3]やNYの「オキュパイ・ウォールストリート」[4]のような声が上がることを期待していたのだが、実際にはわが事として捉えても

らうことはむずかしかったようだ。これが NPO やサークルなどの解体案であれば、辺野古や戦争法案や「保育園落ちた」デモのような拡がりを見せただろうか。

　残念なことに、現時点では、農協の功績は社会貢献度の割に認知度は低い、と言わざるをえない。そのことをまず理解しなければならないのは、自己改革を迫られたわれわれ系統内部の人間であろう。それを踏まえたうえで、農協を理解し応援してくれる仲間を増やすための対策はどうしたらよいのか、とりわけ日本経済がグローバル化することを歓迎する農外の若者にとっては、農協は既得権団体としてしか映らない存在だということも含め、社会的役割と認知度の向上を同時にかつ早期に行う必要がある。

※2　政府広報「協同組合がよりよい社会を築きます〜2012年は国連の定めた国際協同組合年〜」表「主な協同組合の組合数・組合員数および職員数（2009年3月末現在）」より抜粋
※3　2010年末から2012年にかけて、北アフリカおよび中東で起きた一連の体制に対する抗議運動。反政府運動に参加した民衆はツイッターやフェイスブックなどの SNS によって連帯と情報共有を図り、かつてないスピードで国境を越えて民主化運動が拡大した。
※4　ウォール街で2011年に始まった若者らによる草の根デモ。統一的な組織や運動の綱領はなく、特定のリーダーもいない。インターネットの交流サイトや動画サイトで結びついた参加者は、ウォール街近くの公園に野営しながら、経済格差の解消を求めて富裕層への課税強化などを訴えた。運動は米各地や他国にも広がった。

3．ポスト IYC の動向

　2015年9月25日、ニューヨークで開催された「国連ポスト2015採択サミット」において、貧困を撲滅し、持続可能な環境や社会を実現するための野心的な目標として、150を超える加盟国首脳の合意により「持続可能な開発のための2030アジェンダ（SDGs）」が採択された。これは、2015年にゴールを迎えた「ミレニアム開発目標（MDGs）」が世界の貧困削減に大きく寄与したと評価されたことを受けた後継指標であり、2016年1月1日にスタートし、2030年12月31日を達成期限としている。

　SDGs は、17の目標と169のターゲットからなるが、この中には協同組合という言葉が第41項と第67項の2度にわたり登場する（表1）。これは、世界中の協同組合の仲間たちにとっての快挙である。背景には、

表1　SDGs に協同組合が採用された項の抜粋

> **41.（国家、民間セクターの役割）**
> 我々は、小規模企業から多国籍企業、協同組合、市民社会組織や慈善団体等多岐にわたる民間部門が新アジェンダの実施における役割を有することを認知する。
>
> **67.（民間企業活動）**
> 民間企業の活動・投資・イノベーションは、生産性及び包摂的な経済成長と雇用創出を生み出していく上での重要な鍵である。我々は、小企業から協同組合、多国籍企業までを包含する民間セクターの多様性を認める。

潘基文国連事務総長が「協同組合は、経済的な発展と社会的な責任の両方を追求できることを国際社会に示す何よりもの証である」と述べ[5]、2012年を国際協同組合年（IYC）に宣言したことがある。

IYC 以後の3年間、世界最大規模の非政府組織（NGO）であり国連経済社会理事会（ECOSOC）との協議資格を最初（1946年）に得た組織である ICA（国際協同組合同盟）前会長のポーリン・グリーン氏は、「協同組合は世界人口の半分の生活を支えている」[6]ことを根拠に、国連やバチカンのローマ法王などに協同組合の社会的インパクトを訴え続けたことも決定的な要因となっている。

これらの証左により、協同組合モデルが世界経済にいかに良い影響を与えてきたか、わが国以外はとうに理解していることは明らかである。

無論、上述のサミットにはわが国の総理も全日程に参加をしている。そして、会期の最終日には「SDGs の実施には、あらゆるステークホルダーが役割を果たすことが不可欠であり、日本自身がその一員としてアジェンダ実施に最大限努力していく」という旨のステートメントも発表している[7]。国連本部にいた聴衆にとって、ここで述べた「あらゆるステークホルダー」に協同組合も含まれると解釈されることは必然であ

り、ここに総理による外交と国内政策との矛盾が読み取れる。

　2016年7月の第94回国際協同組合デーは、SDGsの取り組み初年度でもあり、テーマが「持続可能な未来に向けて行動する力（The power to act for a sustainable future）」とされた。SDGsでは、上述の通り協同組合が担い手の一部に位置づけられ、ICAでも2016年の国際協同組合デーでは「持続可能な開発目標」への協同組合の貢献を訴えていくことを提起した。

　日本においても、2016年7月27日に国連大学のウ・タント国際会議場において、JJC（日本協同組合連絡協議会）とIYC記念全国協議会の共催により「協同組合が創る継続可能な未来〜東日本大震災から5年の今、考える〜」と題した中央集会を開催した。日本型協同組合による、持続可能な開発目標への貢献を訴えることができるよう、各農協のみなさまにもご協力を頂くとともに、各地域での国際協同組合デーでの世界共通テーマを意識した運動が展開された。

※5　2011年10月31日に開催された、2012年国際協同組合年キックオフに際し述べた。原文は "Cooperatives are a reminder to the international community that it is possible to pursue both economic viability and social responsibility."
※6　国連決議「社会開発における協同組合」（64/136号）2009年12月18日国連総会で採択
※7　外務省『持続可能な開発のための2030アジェンダを採択する国連サミット安倍総理大臣ステートメント』於：国連本部、2015年27年9月28日。

4．JAの世界的評価

　日常、単位協同組合や連合会の職員と話をしていて、意外と知られていないことがある。それは、国際社会においてJAは「最も成功している協同組合」と評されていることである。その根拠を以下に新旧二つの時点から見つめたい。

(1)　レイドロー報告

　JAが国内よりもむしろ海外で評価されている事実はいくつかあるが、ここでは今日的役割に踏み込む前に、歴史的根拠として、協同組合の金字塔であるレイドロー報告に立ち返りたい。

表2　レイドロー報告四つの優先分野

| ① 世界の飢えを満たす協同組合 |
| ② 生産的労働のための協同組合 |
| ③ 保全者社会のための協同組合 |
| ④ 協同組合地域社会の建設 |

　A.F. レイドローが1980年のICA第27回大会（モスクワ）に提出した『西暦2000年における協同組合』において、日本の総合農協は「最もめざましい成果をあげている協同組合」として挙げられた。レイドローは、世界の協同組合運動が1980年から2000年までに集中的に取り組むべき四つの「優先課題」を明らかにした（表2）。その中の第4優先課題「協同組合コミュニティの建設」において、レイドローは日本の農協について以下のように評価した。[8]

> 　協同組合地域社会を創設するという点で、都会の人々に強力な影響を与えるためには、たとえば日本の総合農協のような総合的な方法がとられなければならない。従来の消費者協同組合では不充分である。なぜならば、都市の住人をいろいろな点で守りきれないからである。
>
> 　典型的な日本の状況の中で、総合農協が何をし、どんなサービスを提供しているか考えてみたい。それは生産資材の供給、農産物の販売をしている。貯蓄信用組織であり、保険の取扱店であり、生活物資の供給センターでもある。さらに医療サービスや、ある地域では病院での診療や地域での治療も提供している。農民に対しては営農指導もし、文化活動のためのコミュニティ・センターも運営している。要するに、この種の協同組合ではできるだけ広範な経済的社会的サービスを提供している。もし総合農協がなければ、農民の生活や地域社会全体は、まったく異なったものとなっただろう。

　また、後半では「これほど広範なサービスと事業は、都市部では一つの総合協同組合で実施しうるものではない。しかし、住民が容易に通うことのできる協同組合サービス・センターの中に、それぞれの機能をもった組織を同居させることは可能である。」と、異業種の協同組合同士が一処に寄り合うことで、人口の多い都市部の住民における農協の可能性を示唆している。レイドローが、協同組合の営む事業を集積し、組合員の利便性を高めることで、協同組合コミュニティの実現を国の隅々でめざしていたことがわかる。

　レイドロー報告は、協同組合を批判的に提起したことと、核となった「思想の危機」という言葉のインパクトもともなって、世界の協同組合に衝撃をもたらした。そして、15年の歳月を経る間にさまざまな議論がなされ、1995年 ICA100周年記念大会（イギリス・マンチェスター）における原則の改訂（第7原則：地域社会への貢献の追記）に結実した。わずか数行で日本の農協は総合事業だから優れていることと、総合事業とは何なのかを端的にあらわしている名文といえよう。

　注意したいのは、現代的にレイドロー報告を解釈すると、事業の多面性・多機能性だけであれば、私企業や他のセクターの供給するサービスの方が、時として経済的メリットが大きかったり、組織加入など自治の煩わしさがなく精神的負担も少なかったりするなど、反論が予想されることである。しかし、協同組合は潜在的に地域社会とそこに暮らす住民を意識せずにはいられない存在である。地域のポテンシャルではカバーしきれない資源を、必要なものを必要な分だけ、組織的に集め、蓄え、備え、地域内で使うことの重要性は、供給過多な時代に生まれ育ったわれわれにとっては想像しがたいのかもしれない。

※8　日本協同組合学会（訳）『西暦2000年における協同組合—レイドロー報告』1989年11月、日本経済評論社

⑵　ワールド・コーペラティブモニター

　ICA では、毎年、各国各種の協同組合（連合会）の事業高や販売高を一つに集約したデータブック「ワールド・コーペラティブモニター」※9

図1　ワールド・コーペラティブモニター2016

を作成している（図1）。これは世界の上位300の協同組合の業績を定点観測するものであり、またそれらを統合するデータとして、オール協同組合のインパクトを世界経済に示す重要なデータともなる。

　2013年のランキングで総資産が世界最大の協同組合となったのは、全共連である。また、全農は第8位であり、2014年には農林中央金庫も57位にランクインした。

　このようなランキングが農協そのものの素晴らしさを反映しているとは即座にはいいがたい。しかし、オリンピックのメダル獲得数を気にする国民性ならば、国内における認知度の向上にこのような指標を用いるのも一策ではないだろうか。連日、外資系保険会社のテレビ広告が放映される中でも JA 共済が支持されるには、わけがあるのだ。日々、汗水垂らし靴をすり減らし組合員訪問をしている LA さんの耳元で、「JA 共済は世界一だよ」とそっと教えてあげたい。

※9　ICA・EURICSE（協同組合と社会的企業に関する欧州研究所：European Research Institute on Cooperative and Social Enterprises）"World Co-operative Monitor" http://monitor.coop/

5．協同組合の認知度向上

　2015年11月11日、トルコ・アンタルヤで開催されたICA世界総会において、「もし…だったら」（原題 "What if …"）[10]と題された4本の協同組合のPR映像が披露された。それは、ICAが協同組合そのものの認知度を広く高めようと「グローバル協同組合キャンペーン」の一環として昨夏に打ち出した、英語版の動画である。ICAは自分たちに続いて動画を作成してくれる国を呼びかけ、アルゼンチン、インド、日本が挙手した。

　日本語版の制作主体はJJC（日本共同組合連絡協議会）であるが、なかでも、日本生協連、全労済、労協連、JA共済、JA全中から成る8名の作業班を編成し、企画立案から撮影、編集までのすべてをわずか3か月で実施したことは画期的だった。

　はじめに悩んだのは、この動画のターゲットである。英語版は広く一般の人々（外部）に向けつくられた。しかし、8名で額を寄せ合い議論した結果、今の日本のすべての協同組合に共通する課題として、組合員や職員にすら協同組合の役割が浸透していないことがあげられ、日本版はあえて協同組合の職員（内部）に向けて作成することで一致した。

　続いて、テロップづくりであるが、前提として、協同組合の具体的な効果を「ポジティブな問い」で表現するという大きな方向性が決まり、

表3　PR動画で扱ったテーマ

①　働く
②　お金（貯める、使う）
③　食の安全（作る、買う）
④　福祉（子ども、お年寄）
⑤　災害
⑥　コミュニティ
⑦　人間の尊厳
⑧　社会関係資本

次に八つのテーマを選定した（表3）。これらテーマにマッチングする写真を八つの協同組合連合会に依頼し、テーマに沿った文言を慎重に吟味して載せ、後半は協同組合の役割や価値を短文で一秒ずつ映し出した。詳細は割愛するが、是非、完成版をインターネットでご覧頂ければ幸いである。

筆者は、打合せや撮影時の風景をiPhoneで撮りためていたため、アプリでそれらをつなぎ合わせ音楽を乗せたメイキング動画「『もし…だったら』ができるまで」[11]も作成した。メイキング動画に映し出したかったのは、作業班のメンバーが文言や写真の一つひとつにどんな思いを込め、いかに仲間たちに簡潔に伝えられるかについて熟議したことである。

幸運にも、アンタルヤ総会のテーマセッションでは、JJCを代表してJA全中よりこの動画も披露する場を得て、好評を博した。ただキャンペーンに便乗しただけではなく、制作のプロセスに重きをおいたことが他のICAメンバーに伝わったようだ。

本動画の作成は、自分たちが協同組合として何をめざし、どのような社会づくりをしたいのかを、異業種協同組合間協同を進めながら再認識する貴重な機会となった。これにより、作業部会メンバー自身が最も成長したのではないだろうか。

※10　https://www.youtube.com/playlist?list=PLBPLoidnZMGgkVCPRsdddHju-68vauWCw
　　　原題 "What if…" https://www.youtube.com/channel/UCaKLpem980rJdAtTpITEliw
※11　「もし…だったら」ができるまで https://www.youtube.com/watch?v=rBT-7zzZ-EI

6. 若者の協同組合の認知度

筆者が協同組合横断の国内唯一のシンクタンクに着任して、ちょうど2年が経った。この間、もっとも多かった業務が大学への出講である。依頼の背景には、協同組合論を政治的イデオロギーに中立的立場で若い学生に論じる教員がいないということがあるようだ。出向く学部も農学部、地域系・福祉系学部、科目も一般教養・専門科目から社会人大学院などさまざまだ。しかし、共通していえることは、一度は下火になった

ように思えた学問としての協同組合に、今、再び注目が集まっているということである。IYC記念全国協議会を筆頭に、全国各地で協同組合協議会による寄付講座が2016年度以後も新規に増えるそうである。

　それら組織を牽引しているのは、いうまでもなく農協である。しかし、先日、調査に協力したある大学のゼミ生らがまとめた「大学生から見た協同組合の可能性」という論集を頂いたのだが、その論集の終章が、筆者にとってはたいへんショッキングだったので、以下に紹介したい。

　…調査・研究を重ねていくなかで、偏見を生んだり、よくわからなかったりというのは当たり前なのではないかという出来事があった。ある職員にお話を伺った際、どうすれば若者が興味を持ってくれるかという旨の質問を受けた。さらに、ある協同組合を訪問してみると、現場の職員も、あまり協同組合とは何かということは理解しないまま、なんとなく働いている人もいるという話も伺った。大学生だけではなく、協同組合の現場にいる人でも、十分な理解がなされているとはいえない状況があった。このように、大学生側も、協同組合側も、お互いのことをわかっていない。これでは偏見を生むこともあるだろうし、理解が深まらないのは当然だろう。

　たった数日、一単位協同組合を訪問しただけの学生の証言ではあるが、現在の多くの協同組合が抱えている職員の役割に関する問題を端的に現しているように受け止められた。ここでは若者や大学生としての感想が述べられているが、協同組合と距離のある者という意味では、年齢によらず都市住民やこれからUIターンを考えていた新住民にとっても、求められている姿は共通する点があるのではないだろうか。単位農協の職員としての立ち居振る舞いは、日本のみならず世界の協同組合を代表する組織の一員として注目され、期待を集めているんだ、という気概と誇りを持って職務にあたって頂ければ幸いである。

7. おわりに

ICA 第 7 原則に「地域社会への関与」が追加されてから20年が経過した。JA グループは、なぜ世界一であり続けることができるのか。民間の保険会社の営業マンと農協職員は何が違うのだろうか。事故処理の対応が営農で付き合いのある職員だったからなのか、災害時に真っ先に農協職員が駆けつけたからなのか、あるいは農協は原発が爆発しても地域にとどまり暮しを再興させたからなのか。

従来の業務をこなしているだけでは評価はされないという厳しい現実に、われわれ農協が直面していることは確かだ。しかし、多くの自戒を含んでもなお、筆者には農業協同組合が大きな可能性を秘めているように思える。

今こそ、農協の役職員が認知度向上に努める時ではないだろうか。まずは、われわれが協同組合理念に立ち返り、それを自分たちの言葉で簡潔に伝えることが重要である。それには、従来のようにワードで作成した文書よりも、インフォグラフィックや動画など視覚的ツールも効果的であろう。

准組合員や事業利用者の心を取り戻すためには、まずは職員から意識改革をしなければならない。また、本来の協同組合運動のダイナミズムは、地域において革新的行動をとる人々や、都会で田園回帰のタイミングを見計らっている若者にこそ響くべきものだろう。

農協には、人をひきつけるパワーが潜在的にあると信じている。

第2章

JAの役割を考える

菅野　孝志

福島県・JA ふくしま未来
代表理事組合長

1. はじめに

　2016年4月14日、熊本地震が発生した。災害は、忘れかけた時にやってくるものなのかもしれない。あらためて「教訓を生かし切れていない」ことへの憤りを感じる。地震による土砂崩れや道路の寸断、地理的（山・川・田畑）状況等も激変している。現地では対策マニュアルにない激変事態に戸惑い、思考が停止するような状況になってしまっているのではないだろうか。

　毎度のことながらこのような事態に対して、マニュアルの再検討や変更もする必要はないとの見解を聴くに、国民不在、産業優先の判断をする国になってしまったのかと疑う。災害から予測されるすべての事象への対応力こそ、危機管理体制が機能していることの証左である。

　多くの人々は今回の対応から5年前に発生した東日本大震災を思い浮かべたのではないだろうか。

　当時、災害発生から15分後に災害対策本部を立ち上げた。管内状況の把握のため調査項目を確認し、停電や混乱する道路事情や通信事情の中で、一人ひとりの周辺事態がどのようになろうとも、決めた時間に決め

た所に集まることを口頭やメモで確認し各方部に飛んだ。それが予測不可能な災害時の基本的な約束事だ。翌日8時、今できることは、なんでもやらねばならないと心を奮い立たせ、電源のない事務所の前にテントを張り、対策本部を設けた。

役職員や女性部員が総出で、炊飯用の水、精米、LPガス、ガス炊飯器、炊飯等容器調理施設、塩（ごま）、ラップ、輸送用発泡スチロール箱等を準備し、それに必要な人員（女性部員・婦人会員や職員）の手配等を2時間程度で完了した。つくづく彼らの日常的危機管理能力の高さに感心せざるを得なかった。

熊本での自衛隊の炊き出しの映像が流れた時、米がなくて「おにぎり」がみんなに渡らなかったとのこと。JAのコメ倉庫にコメはなかったのか？

各都道府県は、防災ヘリや救急ヘリの2～3機は有しているのではないのか？　隣接する県の首長が緊急電話会談等をして救援物資の空輸等できなかったのか？　等々、災害や人命に関わる時に超法規的対策の必要性を東日本大震災時、厭というほど感じさせられたはずである。

「すべての机上対策は思いのほか実体性に乏しく、実経験のみが生きた対策を可能にする」。我々が福島の現場で味わったような苦い思いが、熊本の被災者においても繰り返されているようで、残念でならない。

また、このような状況にあっても鹿児島川内原発は稼働し続けている。本年4月26日は、チェルノブイリ原発事故から30年であった。何やら糸が絡み合っているような恐ろしさを感じてならない。「命」あればこその発展、成長ではないか？

2．農協の事業とは

●法第10条（事業の範囲）
1　組合員のためにする農業の経営及び技術の向上に関する指導
2　組合員の事業又は生活に必要な資金の貸付け
3　組合員の貯金又は定期積金の受入れ
4　組合員の事業又は生活に必要な物資の供給

　5　組合員の事業又は生活に必要な共同利用施設の設置
　6　農作業の共同化その他農業労働の効率の増進に関する施設
　7　農業の目的に供される土地の造成，改良若しくは管理，農業の目的に供するための土地の売渡し，貸付け若しくは交換又は農業水利施設の設置若しくは管理
　8　組合員の生産する物資の運搬，加工，保管又は販売
　9　農村工業に関する施設
　10　共済に関する施設
　11　医療に関する施設
　12　老人の福祉に関する施設
　13　農村の生活及び文化の改善に関する施設
　14　組合員の経済的地位の改善のためにする団体協約の締結
　15　前各号の事業に附帯する事業

　農協法に定められた農協の行う事業をみるまでもなく、組合員に「正組合員」も「准組合員」もないとわかるはずだ。「組合員」こそが協同組合の一番の強みではないか。

　ここに至るまでの私のいくつかのエピソードを紹介したい。

(1)　農業短大での学び

　1970年、地元農協や県内優良農協での実習、農村調査や特別講座を受ける傍ら、農業短大の旅行委員として研修旅行を設定した。大阪万博や「灘神戸生協」の研修、さらに「何が何でも北阿万農協組合長の穀内定彌氏に話を伺いたい」との思いから、独断で同所をコースに加えた。灘神戸生協では、賀川豊彦の肖像画を目にした時、眼鏡を掛けた温和な面持ちに何とも言えぬ感動を覚え感極まった。地元である松川町農協の「家の光文庫」が並ぶ本棚に賀川豊彦の単行本「乳と蜜の流るゝ郷」に農業の可能性を求め実践する東助に無限の可能性と協同組合運動のロマンを見た。穀内氏からは、そこに生まれそこに育つすべての人々のいのちと暮らし、そこに有る生き甲斐までをも育むのが農協の使命だとの言葉に大いなる感銘を受けた。「農協は何でもできる。できないことがない」と強く感じた。

　当時の特別講座では、45年程の間お付き合いとご指導を頂き、2015年10月に逝去された静岡県三ヶ日農協中川晋参事の講座に大いなる感動を受けた。貯払い停止というピンチを青年達と再建へ行動し、みかん畑の自主調合による配合肥料製造、三ヶ日みかんの東京販売へ果敢な挑戦。そしてＡコープ店の開設などの話しを通じ我が人生、農協での組織事業運動への取組み方に大きな示唆をいただいた。すべては「やるか、形にするか」が問われているのだと私を揺り動かしたと言える。組合員と利用者と地域の方々の農業生産と心豊かな暮らしを求めさらに、共に楽しさや喜びを感じることのできる運動と活動を事業化して行くことであると意を深くした。

⑶　わたしたちはどうあるべきか

　私は、地理的・地域・経済・伝統・文化・歴史・教育の真ん中に存在し得る高い理想に満ちた農協への回帰を願うことに躊躇はなかった。いわゆる『地域のど真ん中にあるJA』である。JAの地盤である農地、基盤である人という何気ない豊かな足下の資源への気づきがあるか否かではないかと思えてならない。

　資源を生かし企画立案すべき最たるものは、農業振興策である。前述の要件、地理的から教育までのプロデュースやコーディネート・オルグなどの機能が併行して創り上げられるものである。ゆえに、創造力と直観力等出来得る限りの情報を得て多方面からの施策や声を受け止め企画立案する実践力が必要とされる。関わる多くの人々の議論の末にスピード感ある実践が求められるのである。また、農協にとって不可欠ともいえる組合員の声が「意外と聞こえない事実」にどう向き合うかである。

⑷　Ａコープ設立

　1988年4月通常総会にＡコープを作りたいと提案させて頂いた。総会で発言する組合員の意見は、みんな反対である。理由は、店舗経営能力や職員能力の問題等である。800名前後の出席組合員中女性（代理）が

70％を超えていた。女性の発言はない。

　多くの意見を頂き、頃合いを見計らい強行採決した。賛成を求めたが、誰も手を上げない。議長は、間髪入れず「賛成多数により可決決定しました」と言った。同時に「満場の拍手」が議場を埋め尽くした。

　声高らかな意見や発言のみに右往左往する農協。組合員の本当の声は届きにくいと知った。

　「声なき声を聞き取る」姿勢を持つことこそ最も大切であると女性の方々に教えて頂いく尊い経験をした。そこには、「経営に対する責任は取る」「聴いて、見て、考えて、夢を見て、成し遂げる」という具体策と着実な参画をベースにした組織運営力、加えて地域に根ざした農協の生活向上の拠点としての展開方針など、トップの強い想いと信念を感じた。

3. 農業協同組合法

> ●法第1条（目的）
> この法律は、農業者の協同組織の発展を促進することにより、農業生産力の増進及び農業者の経済的社会的地位の向上を図り、もって国民経済の発展に寄与することを目的とする。

　戦後制定された農業協同組合法。国にとって農業協同組合とはどのような存在だったのか？　農協法が施行されて70年、過去を振り返りながら自分なりに整理をしてみたい。

●1960年　『農業の基本問題と基本対策』

　いわゆる農業団体は、市町村段階、都道府県段階、全国段階と幾層者段階によって連合体的に組織されているのみならず、その個々の段階において農民の要求を表現する者は必ずしも農業者自身ではなく、多くの場合団体の職員（ビューロクラット）であり、またわが国のような零細経営の農業構造では、実際の農業者たることと府県段階以上の農業団体の役員たることとは必ずしも両立しない。したがって幾つもの段階をへて全国的に統一された意思決定が実際の農業者の要求から偏奇を生ずる

危険は極めて大きいからである。また農業団体は、農業者の社会的性格を反映してか、農業者の自発的創意に基づくものと言うよりも、官庁組織などの外部指導者の指示と援助に助けられて、非自主的色彩が濃厚であり、とくに国や都道府県の財政的、技術的助成に依存している部面が大きいといわれている。

　そうして本来「農民指導の組織」であるはずの農業団体が国や都道府県などの政策主体の代行機関ないし末端機関的色彩をもち、「農民支配の組織」と化しているのではないかという恐れさえ指摘する向きもあるのである。さらに農業政策の民主的運営と言う点に関しては、農業団体その他農業の代表機関の農業政策の立案なり実施に対する参画の仕方が問題となろう。現在これらの団体は事実上農業政策の立案なりに対して強い発言権を持っている。そうして農業の代表機関が農業政策に対して発言権を持つこと自体は、民主的と言う観点から見て当然であり、むしろ欠くべからず要件である。しかし問題はその参画の仕方であり、わが国の現状ではこれらの団体が、前述のように一方では政策主体に従属し、その下請け機関的な作用をしている反面、いわゆる圧力団体として政策主体に対抗するという関係にあって、真に対等の立場で民主的な議論と納得の形で農業政策を方向付け、さらに政策を分担し合うという関係にあるとはいえないといわれている。

●1967年　『農協の諸制度問題に関する諸論調』

①農協問題の検討について（農林省農協制度問題研究会）

　准組合員の増加（略）農協を非農民をも含め農村社会の住民一般のための協同組合（地域協同組合）とすべきであるとの意見があるが、(略)「農業生産力の増進と農民の経済的社会的地位の向上を図る」ための農民の共同組織体としての農協の目的および性格は堅持すべきである。(「農協の目的および性格の中で農民の経営階層の分化及び兼業化」)

②農協法改正に関する意見（全国農協中央会）

　本質的には、農協が農民主体の協同組織であることを再認識し、併せて地域協同体としての機能を発揮できるように措置する。

（理由）農民の兼業化や階層分化の進行および農村の都市化等の問題が農協の組織、事業、経営に影響を与えてきている。この際、農協が農民主体の協同組織であることを再認識すると共に現実に即した農協の運営が円滑かつ弾力的に行われるような配慮を要望する。（「農協の目的および性格について」）

　情勢認識など同一であるものの、農林省と全国農協中央会の相容れない違いを感じる。

●1960年　農協系統組織の整備方針について（第21回総合審議会）

①単協の合併および連合組織の整備は、この整備方針にもとづきあくまでも協同組合の原則を基本とし、地域の自然的経済的社会的諸条件を考慮して自主的に実施することが必要である。（略）

②合併地区内の農家経済力の分散を避け、(注1) 当該地区の主要作目に関する組合事業を総合的に経営することが必要であるので、同一地区内にある総合農協と畜産、青果、養蚕等の専門農協とは、例外の場合を除き合併することが望ましい。（「第一章単協の合併方針第1節組織について2.総合農協と専門農協」）

●1960年　「農協系統組織の整備方針」について（全国農協中央会専門農協協議会）

　専門農協協議会のメンバーは、前述の農協系統組織の整備方針とは相容れず見解を異にすると表明したのである。「農業の企業化専業化が進展しつつある現情勢下で畜産園芸など成長作目に専念している専門農協の組織体は、明確な経済目的のもとに利害の一致するものの結合であることが基本条件であって生産協同体としての強い認識ですべてを貫くべきである。

　畜産や園芸等選択的拡大への舵を切ろうとする時期であり、全国農協中央会・専門農協協議会の意見の相違は当然なのかもしれない。しかし、情勢判断や現時点の農協組織の実態は、全国農協中央会の判断が適切であったと言えるのではないだろうか。

今、農業と地域の実態からあるべき農協像を考えた時、時間を掛けても地域のすべての人々との協働を働きかけ、その中核に農協・行政・地元企業などがインフラの強化を指向し、各々の役割を担うことが重要ではないだろうか。

●1967年　農民組織特に農協制度についての問題と提案（小倉武一）

①当面の農協問題

　兼業農家の増大等農村の都市化傾向に即して農協は地域協同組合であるべきか、それとも非農業的要素を払拭して字義の本来の意味において農業協同組合であるべきか。

②農民組織一般の問題

　大筋としては農業組織ないし農民組織としては、主として経済事業（Business）を担当する協同組合制度と農民ないし農業の利益主張機関としての自主的な農民組織が発展するのが望ましい。その際は農業委員会等の制度は行政庁の付属機関として純然たる公的機関となるべきである。

　今日もっとも重要なことは、村々で農業に専念し、資本及び土地の関係で経営規模の拡大を意図しつつ、努力しつつある農業青壮年の志向を結集して、その志向を農業及び農政の方向に生かす工夫である。そのために町村、農協、府県もこれに協力する必要があるが、時として町村や農協などではこれら青壮年の意向も町村一般、農民一般のなかに解消されてしまうことがある。それ故これら青壮年の直接的な結合とその意向の集約が必要である。

　これらを紐解いたときに、2013年からの農協改革と称する事象の根源は、1960年代に端を発していたと言わざるを得ない。それほど深堀できるわけではないが、小倉先生の危惧する青壮年の声への対処を今もって改善できないとすれば、今時代に農協として存在できなかったのではないかと思う。

　また、日本の農業は多くの山林を抱え限られた地域において住環境と2次・3次産業との混住の中で育まれてきたものであり、都市の環境を含めても農業だけを分断することはできないと思うのである。

　しかしながら、37頁の引用^(注1)にもあるように、農民組織は歴史的に分断され力を削がれてきたと言える。本来、専業的農家と兼業的農家の分断を促すべきではなく、共に地域を形作る騎士としての自負を培うことが重要ではないのだろうか。

　地方に数多くある農産物直売所や青果市場の競売場や製品置場、そこで働くせり人や仲買人に目を向けた時、多量の農産物が毎日届けられる状況に日本の農業とそれを支える農民・農協・生産組織団体の底力を強烈に感じるのは私だけではないだろう。

4．協同組合「JA」は未来を拓く

> ●JA綱領　―わたしたちJAのめざすもの―
> 　わたしたちJAの組合員・役職員は、協同組合の基本的な定義・価値・原則（自主、自立、参加、民主的運営、公正、連帯等）に基づき行動します。そして、地球的視野に立って環境変化を見通し、組織・事業・経営の革新をはかります。さらに、地域・全国・世界の協同組合の仲間と連携し、より民主的で公正な社会の実現に努めます。このため、わたしたちは次のことを通じ、農業と地域社会に根ざした組織としての社会的役割を誠実に果たします。
> 　わたしたちは
> 　1、地域の農業を振興し、わが国の食と緑と水を守ろう
> 　1、環境、文化、福祉への貢献を通じ、安心して暮らせる豊かな地域
> 　　社会を築こう
> 　1、JAへの積極的な参加と連帯によって、協同の成果を実現しよう
> 　1、自主・自立と民主的運営の基本に立ち、JAを健全に運営し信頼
> 　　を高めよう
> 　1、協同の理念を学び実践を通じ、ともに生きがいを追求しよう

　このようにJA綱領には、JAの役割がきちんと整理されている。

　2016年、地元食品会社と包括的業務提携を結んで事業を展開して、JAの凄さや弱さを感じ取ることができた。わがJAでは、農産物の加工や付加価値を付ける6次化事業などの多くの実施にあたり「自前」と

いう感が非常に強かった。

「素材がある」「人もいる」「資金もある」それなりの「販売拠点（直売所・Aコープ・JAネットワークなど）もある」ということで、極端な言い方かもしれないが、すべてが「それなり」（赤字の出ない範囲等）ということになる。

これまで米粉パンを中心に年間1,500万円程度の販売を手掛けてきた。米粉という理念を大切にしながら、赤字でもやむを得ない（縮小の方向で）と運営してきたが、展望や可能性が見えてこないために、関係者を通じ新たな展開に舵を切った。その答えが今回の包括的業務提携である。

この間、あらためて確認できたことを列挙してみると

　①自己完結に意味はあるのか

　②連携により可能性は拡大できる

　③JAは大きな役割を担える

　④2社以上連携により評価が向上する

　⑤新たな作目や産業起こしによる農家所得の増大ができる

　⑥6次産業化の福島モデル創造と普及を可能とした

　⑦JAは「ど真ん中に」にあるプロデューサーになり得る

などである。

JAは、農家の所得の向上や農業の生産性を高めるだけでなく、食・農・歴史など人と人とのつながりの中で育まれた文化を次代へつなぎ留める承継組織であり、人を育てる人的結合体なのである。

多くの組合員や地域の方々、さらに日本国民が農業やJAに関する情報を得るのは、新聞・TVなどマスコミによるものが大半である。ゆえに、JAの認知度を高め、自らの役割・運動を拡大、推進するには、高い倫理観のもとに「環境・自然・山・川・農地・海」を守り育てる防人（トップリーダー）であることを宣言し、広く国民との信頼関係を構築することこそ大切なのである。

「戦略は組織に従う」のである。「地方創生」を進めようとする政府の本音は、「こころ」「癒し」「地方」「未来」「展望」なき都市中心のコンパクトシティ（農村を衛星と見る）なのではないかと危惧を感じる。

　「協同組合」が次代を拓くという世界の潮流をわが国に取り戻さなければならない。その最先端に協同組合・JAがある。

　今こそ協同組合運動の下に協同組合人を育てる時である。「協同組合基本法」の制定と学校教育のカリュキラムに「協同組合」を導入し、学ぶ時間を作るべきである。協同組合は、人の組織であり資本の組織ではない。改正農協法とは、まったく馴染まないのが農業協同組合ではないだろうか。

　＊役割の具体的な実践策等については、2015年『JA経営実務』6月号を参照されたい。

私的に整理した農協をめぐる年表

●戦後復興と農地改革、農協の誕生

1945 太平洋戦争終結／米大凶作作況指数67

1946 国際協同組合デー復活

1947 日本国憲法施行／農業協同組合法公布

1948 全国指導農協連、全国購買農協連、全国販売農協連発足／農協マーク制定

1949 食糧庁発足

1950 農協財務処理基準令公布

1951 農業委員会法公布／全国共済農協連発足／農林漁業組合再建整備法公布
全国農協婦人団体連絡協議会結成

1952 農地法公布／ICA加盟／第1回全国農協大会開催（農協数13,100）

1954 全国農業協同組合中央会発足／全国農業会議所発足

1957 農林水産白書初公開

●農業基本法の成立と高度経済成長

1960 『農業の基本問題と基本対策』（農林統計協会発行）

1961 農業基本法公布

1962 農地法改正（農事組合法人新設可能）／第一次農業構造改善事業開始

1963 単協合併の方針（全中）

1965 農協問題研究会設置

1967 「農協の制度問題に関する諸論調」発表

1967 コメ大豊作（1445万ｔ）／構造政策の基本方針発表

1968 新都市計画法（市街化区域、市街化調整区域の設定）

1969 米穀自主流通制度閣議決定

●米の生産調整と世界的な食料危機

1970 「総合農政の基本方針」閣議決定（コメ生産調整実施）
農地法改正（農地保有合理化促進事業、農協による経営受委託事業創設）第12回全
国農協大会（『第1次総合3カ年計画』）

1971 コメ生産調整5年間計画

1972 全販連、全購連合併／全国農業協同組合連合会（全農）発足

1973 農地の宅地並み課税導入（市街化区域内）
第13回全国農協大会（『第2次総合3カ年計画』）
第一次石油危機、ドル変動相場制移行

1974 世界食糧会議開催（ローマ）

1975 「総合食料政策の展開」発表（農林省）
世界的な基調変化にともない国内自給率の向上と輸入安定などの総合的な食料政策

1976 水田総合利用対策
米の計画的生産と増産が必要な農産物について水田での生産振興を図る
第14回全国農協大会（『協同活動強化運動』農協数4,803）

1977 第三次全国総合開発計画閣議決定（定住圏構想、食糧の国内自給向上など）

1978 水田利用再編対策実施要綱
10年で米の生産を計画的に調整するとともに転作作物を定着させる。

1979 第15回全国農協大会（『1980年代日本農業の課題と農協の方策』）
第二次過剰米対策（5年間で650万ｔ）
全中「米の生産調整強化に自主的に取り組む」方針決定

● 強まる農産物貿易自由化の圧力

1980　農政審議会「80年代農政の基本方向」、農地法改正（農業生産法人要件の緩和）

1981　食糧管理法改正

1982　第16回全国農協大会（『農業振興方策、経営刷新強化方策』）
　　　農産物44品目関税引下げ等決定

1985　プラザ合意（円高誘導）
　　　第17回全国農協大会（『1980年代後期における農業農村振興方策、総合力発揮を図る
　　　経営刷新方策、農協生活活動基本方針』）

1986　前川レポート／ガット・ウルグアイ・ラウンド開始
　　　玉置総務庁長官、農協への行政監察を発表
　　　全中「最近の農業・農協批判に対する見解」発表

1988　牛肉・オレンジ3年後自由化決定
　　　「国際化への対応と農業・農山漁村の活性化のための政策の基本方向」発表（農水省）
　　　第18回全国農協大会（『21世紀を展望する農協の基本戦略』農協数 4,072）
　　　「21世紀までに1,000農協を目指す」

1989　年号「平成」／天安門事件、ベルリンの壁撤去／消費税スタート

● 米の市場開放と農政改革

1990　東西ドイツ統一

1991　ソ連解体／第19回全国農協大会（『農協－21世紀への挑戦と改革』制定）

1992　「JA」マーク使用開始（4月）／IOC 東京大会
　　　農水省「新政策（新しい食料・農業・農村政策の方向）」発表

1993　コメの作況指数、全国74／ガット・ウルグアイ・ラウンド合意
　　　ミニマム・アクセス米受入れ

1994　外国米緊急輸入
　　　第20回 JA 全国大会（『21世紀への農業再建と JA 改革』JA 数2,836）

1995　WTO（世界貿易機関）発足／阪神淡路大震災／食管法廃止

1996　農協改革関連2法案成立／全中改革本部発足

1997　「新たな米政策」決定（稲経で米価下落を補てん）
　　　第21回 JA 全国大会（『21世紀の展望をひらく農業の持続的発展と JA 改革の実現』
　　　JA 数 2,284）／消費税5%に引上げ

1998　農政改革大綱決定（食料・農業・農村基本問題調査会が答申される）
　　　全農と3経済連合併

1999　「食料・農業・農村基本法」公布／初の県域単一農協が誕生（JA ならけん）

● グローバル化、「共生」を主張

2000　「食料・農業・農村基本計画」閣議決定
　　　第22回 JA 全国大会（『農と共生の世紀づくり』）、全共連と都道府県共済連一斉統合

2001　WTO、ドーハラウンド開始

2002　コメ政策改革大綱決定／農水省「食と農の再生プラン」発表
　　　農林中央金庫と県信連の統合開始

2003　第23回 JA 全国大会（『JA 改革の断行』JA 数 1,039）
　　　農水省「農協改革の基本方向」

2004　全農経済連統合（36県本部体制実現）

2005　食育基本法施行
　　　業務改善命令を受け全農「新生全農を創る改革実行策」を決定

2006　第24回 JA 全国大会（『食と農を結ぶ活力ある JA づくり』JA 数 901）

2008　穀物・原油価格高騰／リーマンショック

| 2009 | 政権交代（民主党が総選挙で単独過半数）
第25回 JA 全国大会（『大転換期における新たな協同の創造』JA 数 779） |

●震災からの復興に協同の力を発揮

2010	新たな「食料・農業・農村基本計画」 菅首相、秋の臨時国会で TPP（環太平洋連携協定）への参加検討を表明 国連総会で2012年を「国際協同組合年」に制定
2011	東日本大震災発生（3月11日）／福島第一原発事故 「東日本大震災の教訓をふまえた農業復権に向けた JA グループの提言」発表 JA グループなどの TPP 参加反対署名1,120万人 農水省、「我が国の食と農林漁業の再生のための基本方針・行動計画」決定
2012	国際協同組合年（全国各地及び世界20か国以上で取組） 第26回 JA 全国大会（『次代へつなぐ協同』JA 数709） 第二次安倍内閣発足／米国の大干ばつでトウモロコシ、大豆が史上最高値
2013	安倍首相 TPP 交渉参加を表明（3月）、正式交渉参加（7月） 衆参両院の農林水産委員会で「重要5品目の関税撤廃は認めない」など決議 参議院選挙で民主党大敗したことにより国会のねじれ解消 政府・自民党「農業・農村所得倍増」を打出す 農地中間管理機構法成立（米の生産調整の見直しなど水田農業政策の変更決める） 政府の規制改革会議、農協のあり方の検討着手
2014	日米首脳会談 TPP 交渉加速で合意／日豪 EPA 大筋合意（4月） 国会合意（11月）／規制改革会議農協組織の見直しで意見 政府、規制改革実施計画閣議決定（6月） コメ大暴落／国際家族農業年／消費税8％に引上げ
2015	鬼怒川決壊・関東・東北豪雨（9月） 第27回 JA 全国大会「創造的自己改革への挑戦」(10月) 政府、TPP 大筋合意を受け「TPP 政策大綱」を決定 国連「持続可能な開発目標（SDGs）」決定、協同組合の役割に期待 国際土壌年／公選法改正、選挙権18歳以上に
2016	農協法改正（4月）熊本地震（4月） 東京都知事選、小池百合子氏当選、豊洲市場移転を延期（7月） 北海道・東北地方台風により甚大な被害（8月） ユネスコ「協同組合」無形文化遺産登録（11月） 米国大統領選挙、トランプ氏当選、TPP 離脱を公約（11月） 国際マメ年／マイナンバー制度スタート
2017	米国 TPP 離脱、NAFTA 見直し、日本政府は11か国での締結を目指す 通常国会、主要農産物種子法廃止法案、農業競争力強化支援法案など成立

第3章

戦後 JA の変遷と役割
～「制度としての農協」から「自主・自立の協同組合」へ～

太田原　高昭
北海道大学名誉教授

1. 国民の飢えを救った農協

(1) 空前の食糧不足と食管制度

　戦後農協のスタートは協同組合としては甚だ不幸なスタートだった。農協の前身は農業会という国策機関で、これは戦時中に農会や産業組合などの農業団体を統合して、統制経済の実行機関とするものだった。すべての農民はこの農業会の会員とされ、それを通じて官命に従わなければならなかった。この農業会を解散して設置されたのが農協だった。

　新しい農協法によれば、農協は協同組合であり、自由と民主主義という欧米的な価値観に立脚するものだった。農業会とは真逆な性格を持つ協同組合に移行するためには、本来ならば十分な時間をかけて農業会と農協との違いを説明し、一人ひとりの農民が新しい価値観をわがものとして自主的に組合員となる「合意のプロセス」が必要であったろう。

　しかしそうはならなかった。政府は懸命にパンフレットや集会で協同組合の理念を説明する努力を払ったが、それが浸透する間もなく、各市町村で農業会の解散が決議され、同じ集会で農協の発足が決定された。新しい農協の施設、人員、財務はほとんどすべて農業会から引き継いだ。

当時の朝日新聞が、この農協の出発を「農業会の看板塗り替え」と評したことは有名であるが、それはまた組合員農家の実感でもあった。

　なぜ、こうまでして農協の設立を急いだのか。それは戦後の日本社会を襲った恐るべき食糧不足への対処のためであった。敗戦によってすべての植民地を失い「四つの島に閉じ込められた」日本国に、大勢の復員兵や外地からの引揚者が悲惨な状態で戻ってきた。しかし国内の農業生産力は、徴兵によって労働力を失い荒廃したままであった。誰も彼も食べ物を得るのに必死であり、このままでは一千万人が餓死するといわれた。

　戦時中の米をはじめとする主要食糧農産物は、食糧管理法による統制の下に置かれていた。食管法の統制は供出と配給の体系であり、農家は厳しい供出割り当てを課せられていた。その実務を担当していたのが農業会なのであり、農業会を解散しても、国民の飢えをしのぐためにはその機能を中断することはできなかった。農業会を引き継いだ農協は、民主的な協同組合でありながら、国家の統制経済の担い手となるという不幸な出発を余儀なくされたのである。

(2)　強制供出を支えた「部落責任制」

　食糧不足の実情は配給の遅配日数に現れている。1946年9月の統計をみると、大消費地の東京で18日、大阪で24日の遅配であった。遅配というのはその間食べるものがないということであり、その深刻さがしのばれる。都市部だけかというと、同じ月の遅配第一位は北海道の84日、第二位は岩手県の49日で、農業地帯とされるところがより深刻であったことがわかる。

　この年に復活したメーデーは「食糧メーデー」といわれ、「朕はたらふく食っている、汝臣民飢えて死ね」という天皇制批判のプラカードまで現れて、食糧問題は体制危機につながりかねないところまできていた。占領軍はあわてて駐留軍の食糧放出などの緊急対策を行ったが焼け石に水であった。1947年にはアメリカ国務省の食糧使節団が調査に訪れたが、その結論は「世界各国のほとんどの食糧事情がひっ迫している事実によ

り、日本の食料供給の責任の過半は日本農民及び漁民の肩にかかるところである」という、よりいっそうの供出の強化を迫るものであった。

供出といっても政府が一定の価格で買い取るのであるが、米の公定価格は自由米（ヤミ米）価格を常に下回っていた。1947年における公定米価とヤミ米価格の開きは10.7倍、1947年は7.6倍、1948年でも３倍で、この状態は1955年ころまで続いている。こうした低価格での供出に農民の抵抗が強まるのは当然であり、占領軍は MP を動員した「ジープ供出」という強制執行まで行った。

それでも1948年の供出達成率は99.3％、ほとんど100％に達していた。これはジープ供出などの強制手段だけで達成されるものではない。それは市町村への供出割り当て量をさらに集落に割り当て、その達成を集落組織（農事実行組合など）の共同責任とする「部落責任制」の成果であった。農民は、種もみや自家保有米まで供出に回すという犠牲を払いながら、集落の共同責任を果たそうとしたのである。

配給される食料だけを食べて、一切ヤミ米を口にしなかった裁判官がついに餓死したというエピソードはよく知られている。しかし農村においても、供出割り当てを達成できなかった集落の責任者が自殺するという悲劇が各所で発生していた。そうした犠牲のうえに、食管制度は機能したのであり、国民は餓死の危機から救われたのである。今はこの時代を知る人はほとんどいないが、農協の役割を語るにはどうしても思い起こしてほしい歴史なのである。

(3)　再建整備から「おらが農協」へ

集落に対して過酷な供出割り当てを下してくるのは直接には農協であった。この時期の農協は組合員の目からはまさに「農業会の看板塗り替え」であり、戦時中の農業会と同じように生産農民の怨嗟の的となっていたとしても不思議ではない。しかし、このような組合員の支持を欠いた組合が長くもつはずはない。戦後の猛烈なインフレと、それを収束しようとした「ドッヂ・ライン」によって、農協の破たんは意外に早く訪れた。

1949年に来日したアメリカのドッヂ公使は、猛威を振るったインフレを収束させるために超均衡予算を強制し、それによってもたらされた「安定恐慌」の下で、農産物価格は軒並み下落し、反対に補給金の廃止によって肥料価格が高騰したのを始め、企業再建の名目の下に生産資材価格は上昇した。この「シェーレ現象」のために農家経済は一挙に赤字に転落し、農協経営もそのあおりで赤字となり貯払いを停止する農協が続出した。

　農協の出資金は、ほとんどが戦前の産業組合のままであり、インフレでたちまち過小となっていた。それに加えて農業会から引き継いだ資産には不良資産が多く、それが不良在庫となっていた。また膨大な売掛金まで引き継いでいたから、農協の経営基盤はまことに脆弱なものであった。農業会の解散と農協の設立を短期間に行わなければならなかった無理のツケが、インフレの終息とともに一挙に襲ってきたのである。

　しかし、国民の食糧を供出する役目を負った農協をつぶすわけにはいかなかった。国は再建整備法をつくって農協経営の立て直しを図った。再建整備とは国が資金を出して農協を救済したことと理解している人が多いが、再建整備法はあくまでも組合員の出資増強による再建をめざしたものであり、国は出資目標を達成した農協に奨励金を出しただけであった。実際にこの法律による増資総額174億円のうち83％の144億円は農民の直接負担によるものであった。

　この増資は、均等割りや反別割りで一律に決められ、部落座談会や戸別訪問、さらにポスターやリーフレットなどあらゆる手段を使って推進された。注目すべきはここでも集落組織がフルに活用されたことである。「農協をつぶして日本人を飢えさせるわけにはいかない」というのが集落での合言葉であったと当時の人々が証言している。こうした公共性への自覚と自らの出資によって再建した農協が、組合員の心の中で今までとは別のものになったことは当然である。再建整備の時代は暗い時代のように思われているが、それだけではなく「農業会の看板塗り替え」から「おらが農協」への転機となった時代でもあった。

2.「制度としての農協」の変遷

(1)　農基法農政と主産地形成

　わが国の農協は、協同組合でありながら、食管制度のように国の制度に深く組み込まれた存在であった。このような農協のあり方を、私は「制度としての農協」と表現してきたが、それは農政補助機関という受動的な性格だけでなく、国民生活を支える公共的な役割をも含む概念であった。「制度としての農協」はまた農基法農政にも内部化されて、日本農業の生産力を構築するうえで積極的な役割を果たしてきた。

　農業基本法は、農政推進における農協の役割を法文に明記している。たとえば、同法第17条には「農業協同組合が行う共同利用施設の設置及び農作業の共同化事業の発達改善等必要な施策を講じる」と、共同施設や共同作業について「農業協同組合が行う」ものに施策の対象を限定している。農基法農政は、日本農業の近代化と生産性の向上のためにこれまでなかったような巨額の国費を投じた農政であり、農協がそこで大きな役割を担うことが期待されていた。

　農協は、農基法農政の目玉というべき農業構造改善事業の事業主体となり、行政と一体となって主産地形成にまい進した。主産地形成とは北大の川村琢教授が解明したように、小農が担い手となり農協が主導する組織的集団的な生産力形成のことである。実は農業構造改善事業には第一次事業と第二次事業とがあり、第一次では事業主体を市町村としていたが見るべき成果が上がらず、第二次事業で事業主体を農協に変更することによって事業を成功に導いたという経過がある。

　主産地形成はなぜ行政主導では成功せず、農協主導で成果がでるのか。それは日本の農協が総合農協で、営農指導、生産物の共同販売、生産資材の共同購入、信用事業などの機能を一体的に備えているからである。さらに言えば農協の基礎組織は集落であり、集落の内部に分け入って個々の農家の利害を調整しながら集団的な生産力を構築することは農協でなければできない仕事である。行政の役割は補助金の獲得や総合企画などの面でそれを後押しすることであり、こうした役割分担のあり方が明瞭

になったことが、農基法農政の後世への重要な教訓となっている。

　しかし、農基法農政がめざした農業近代化と農業生産性の向上には重大な落とし穴があった。一国の農業生産力を健全に構築するためには、稲作、畑作、畜産のバランスの取れた構成が必要であるが、農基法農政の「選択的拡大」のデザインには、麦や大豆などすでにアメリカに大きく依存していた畑作部門が欠落しており、畜産にも飼料基盤が考慮されていなかった。「選択的拡大」とは、輸入農産物と競合しない分野を拡大することであり、生産力構造としては明らかに偏っている。このことがやがて重大な結果をもたらすことになる。

(2)　米価闘争と食管制度の形骸化

　農業基本法の理念は「他産業との所得格差の是正」にあった。農業を近代化し、生産性を高めて所得格差を是正するという期待は、作目的には米と、成長農産物とされた青果・畜産にかけられていた。基本法の制定当時、1960年の農業産出高のうち、米は47％を占め、青果と畜産はともに15％であった。所得の太宗を占める米の価格は、高度成長にともなう物価上昇の下でも、パリテイ方式に抑えられてほとんど上がらず、農民の不満が鬱積していた。

　「所得格差の是正」は米価のアップを望む農民と農協にとって錦の御旗となった。系統農協は米価を決定する米価審議会を主な標的として米価要求への組合員動員に踏み切り、「農民春闘」といわれた米価闘争が展開された。こうして1960年代を通して米価は上昇を続け、そのことがさらに農民を農協に結集させた。60年代の米価闘争は今でも年配の人たちの語り草であり、かつて生産者を苦しめた食管制度は、この時期には生産者の所得を高める制度として機能した。

　本来ならば、基幹作物としての米の価格上昇は、米以外の作目の生産を強化する条件として働き、やがて米価だけに頼らなくてもよい農業経営が実現するはずであった。しかし農産物貿易の自由化の進展がこの希望をうばった。1973年に始まったGATTの「東京ラウンド」では、日本の工業製品の大量流入による貿易赤字に苦しむアメリカが農産物市場

の開放を強く要求し、まず牛肉とオレンジの自由化を求めた。これを契機として、成長農産物として生産が拡大しつつあった青果と畜産が自由化の嵐にさらされ、生産調整の過程に入ることになる。

　農協と農民の対応としては、自由化反対の運動を展開しながら、食管制度によって守られている米の生産にさらに力を入れることにならざるをえない。すでに米は生産過剰となっていて生産調整が稲作にも及び、1971年から本格的な減反政策が始まっていたが、米の生産は増え続けた。売れ残った政府米は「古米」「古古米」となり、食管会計の赤字がふくらんだ。減反政策はいっそう強化され、食管制度の矛盾が誰の目にも明らかになってきた。

　食管制度を内部から突き崩していったのは、減反政策とともに採用された自主流通米制度である。食管法は、政府による米の全量買い上げと流通統制を柱としていたが、自主流通米制度はこの原則を変更するものであり、食管制度の「なし崩し的改変」と批判された。しかし「うまい米」を求める消費者の声の前に、主要な米産地は一斉に「銘柄競争」に走り、価格の銘柄格差も顕著となった。コメ市場にも競争原理が働くようになったのである。

(3)　減反政策と食管制度の廃止

　食管制度の形骸化は明らかであった。農協は生まれながらにして食管制度の担い手であり、「制度としての農協」として国の行政の補助機関の役割を果たしてきた。食管制度の形骸化は、それまでの行政と農協との関係にくさびを打ち込むものであり、農政の側から見れば、農協を「制度」のくさびから解放する機会となるはずであった。しかし、農政は農協への依存をやめようとしなかった。減反政策の実施という難題があったからである。

　系統農協は減反政策には反対であった。農協の事業は「食管事業方式」と呼ばれるほどにコメ事業を中心に組み立てられており、減反は食管制度そのものをゆるがすものと受け止められていたからである。しかし、行政の側の「食管制度を守るためにこそ減反が必要」という説得によっ

て受け入れに転じた。1969年の都道府県中央会・連合会長合同会議は次のように決議している。「食管制度堅持の見地から、補償金など諸条件が改善されることに期待し、政府および行政機関（自治体）が責任をもっておこなうのであれば協力を惜しまない。」

　しかし減反政策、さらには転作が加わった政策の実施過程は「国及び行政機関が責任をもっておこなう」には荷が重すぎた。行政がやれることは国全体の減反目標を都道府県に割り当て、それをさらに市町村に割り当てるところまでである。市町村に割り当てられた目標をさらに集落に割り当て、集落のなかで一戸一戸の土地条件や労働力保有状況を勘案しながら農家に割り当てていく作業は、集落を基礎組織としている農協でなければ実行できない。

　この事情は、これまで見てきた食糧供出や主産地形成における集落の役割と同じである。減反と転作は、受け入れがたい難題をみんなで分担して全体としての責任を果たすという点で供出に似ており、ブロックローテーションなど新しい生産力形成につながる点で主産地形成に似ている。いずれにしても集落の合意なしにはできないことであり、集落の連合体である農協でなければできない作業である。こうして国の減反政策も、食糧難時代の供出や再建整備期の出資増強と同じように「部落責任制」によって実行するほかなかったのである。

　系統農協は、減反政策に協力しただけでなく、自主流通米制度についても「食管の根幹を守るため」として受け入れていた。しかし肝心の食管制度は、GATT ウルグアイ・ラウンドの農業合意という外圧によって廃止に追い込まれた。ウルグアイ・ラウンド農業合意はすべての貿易障害を関税に一元化し、それ以外の政府による禁輸措置や公定価格などを一切認めないというものであり、食管法だけでなく、重要農産物の価格保証をうたった農業基本法も存立の根拠を失った。

　これらの法制度をバックにしていた「制度としての農協」もここから新しい時代に入るのである。

3．自立した協同組合としての農協

∷∷∷∷∷∷∷∷∷∷∷∷∷∷∷∷∷∷∷∷∷∷∷∷∷∷∷∷∷∷∷∷∷∷

(1)　農協法改定の背景とねらい

　2014年5月に発表された規制改革会議の『農業改革に関する意見』という文書は、農業委員会の公選制の廃止、農業法人の規制緩和による企業の農地取得、過激な農協改革などを盛り込んで世間を驚かせた。とくに農協改革と称して「中央会制度の廃止」「全農の株式会社化」「単協の専門化」などを並べ立てたことは、これまでのどんな農協改革論にもなかったことで、規制改革会議は自らこれを「非連続的な改革」と称していた。

　その狙いは明らかであった。中央会、とくに全中の廃止を掲げたことは、国民的運動として展開しつつあった TPP 反対運動の司令塔としての全中を狙い撃ちしたものである。全農の株式会社化は、肥料や飼料など生産資材の扱いで圧倒的なシェアを持つ全農を協同組合組織から引きはがすことで独占禁止法を適用し、そのシェアを他の商社に分け与えることを可能にするものであった。さらに単協の専門化とは、総合農協から信用事業や共済事業を分離独立させ、それを金融資本の支配下に置くことである。

　したがって、政策としての「農協改革」は、単なる TPP 反対運動封じではない。以前からの財界の悲願である農協マネーと農村市場の資本への引き渡しを一挙に実現しようとするものであった。これらの野望を、これまでも彼らはさまざまな場面で小出しにしては退けられてきたのであるが、政権が「アベノミクスの要」と位置づける TPP は、その最大の抵抗勢力と目される農協つぶしの絶好の機会を提供した。

　それだけではない。農水省の側に食管法と農業基本法の廃止をもって農政補助機関、つまり「制度としての農協」の役割は終わった、これからの農政にとって農協は必ずしも必要でないという認識が生まれていたことが重要である。

　行政の側の農協不要論に、財界の農協マネー、農村市場、農地取得などへの野望が結びついた醜悪なシナリオが今回の農協改革であった。食管と農基法廃止からは15年ほどのタイムラグがあるが、農水省としては

この間も減反政策を続ける必要があったのであり、その廃止のメドが立ったところで区切りがついたということかもしれない。

しかし、すべてが思惑通りにいったわけではない。農協陣営は猛反発し、国際的にも ICA 声明などの反撃を受けた。政権側の最大の痛手は佐賀県知事選挙であったろう。ここでは「農協改革の断行」を公約に掲げた自民党候補が JA グループの独自候補に惨敗した。自民党内では、統一地方選挙を控えた危機感から農林族といわれる人たちが動き出し、農協法改定に規制改革会議の影響をできるだけ薄める努力をした。

その結果、中央会は生き残り、連合会の株式会社は選択制となり、総合農協は解体を免れた。規制改革会議の金丸委員長が「せっかくの提言が骨抜きにされた」と悔しがったというのはたぶん本音であろう。

(2) 新しいステージに立つ農協

農協法改定は、農協側から見て決して敗北ではないが、勝利でもない。引き分けと言っていいのではないか。准組合員の利用制限なども 5 年後にもう一度判断するという。引き分け、5 年後再試合である。しかし、司令塔の全中を直撃された系統農協は動揺を隠しきれず、5 月以降反TPP の農政運動は止まったままで、アトランタでの「大筋合意」への流れを止めることができなかった。TPP 対策としての農協攻撃はこの時点では成功したといえよう。

11月に開かれた第27回全国農協大会は、「自主・自立の協同組合」として「農業者の所得増大」「農業生産の拡大」「地域の活性化」の三つを基本目標とする自己改革に取り組むことを決議した。

これからの農協改革は、規制改革会議が示したような総合農協の解体と事業のビジネス化を軸とした新自由主義的な方向と、自主・自立の協同組合としての自己改革との「二つの道」が対抗するかたちとなる。

農協が自主的に行う自己改革とは何か。「農協は閉鎖的で硬直的な組織だから自己改革などはできない」という人がいるが、とんでもない間違いである。農協の自己改革はすでに始まっている。それは1991年の第19回全国大会で決議された「組織・事業改革」を起点とする。四半世紀

前のことだと言ってはいけない。それはまだ完成していない現在進行形
の改革であって、これからの自己改革もその延長線上にあると見なけれ
ばならない。

　系統農協の組織・事業改革で最も注目すべきは、単協の広域合併、連
合会の二段階化という組織改革である。農協はそれまでも合併を重ねて
きたが、それは1町村1農協をめざしたものであった。そして系統組織
は国—都道府県—市町村という行政組織に合わせた三段階であった。ま
さにこの点に行政の下で農政を補完する「制度としての農協」の特質が
現れていたのである。

　広域合併・二段階という「制度としての農協」から脱却する組織・事
業改革の直接の契機は、バブル期に累積された不良債権問題などで悪化
していた経営問題であり、制度からの脱却がどれだけ強く意識されてい
たかはわからない。しかし1991年という時点は、ウルグアイ・ラウンド
がほぼ煮詰まっており、食管法の運命も見えていた時期である。また経
営問題の解決のためにも、行政の枠に縛られた組織規模が強い制約とな
っていたことも確かである。

　系統農協は、このようなかたちで「制度としての農協」の終焉に自力
で対応したのであり、すでに新しいステージに上っていたのだといえよう。

(3) 集落連合体としての農協の国民的意義

　この小論のキーワードは「食管」と「集落」である。食管制度は長い
歴史を刻んだ制度だったが、農基法とともにその命脈を断った。人為的
な法律や制度はいつか終わりが来る。規制改革会議などというものもそ
のうちなくなるだろう。農林水産省も現在のような路線を続けるならば、
経産省農政局と格下げになるかもしれない。

　それに対して、集落はこれまでと同じようにこれからも存続し続ける
だろう。

　農業集落とは小規模農家の集まりである。ただの空間的な集まりでは
なく、歴史的に自治村落としての歩みを続けてきた「村落共同体」であ
ることもよく知られている。混住社会といわれる今日の農村でも、その

伝統は農事実行組合や農家組合などの集落組織に生きている。産業組合や農会、戦後の農協はこの集落組織を基礎組織とすることによって存立することができた。とくに農協は、集落の連合体としての機能だけでなく、世界共通の協同組合理念を取り入れることで、個々の村落ではなし得ない多くの機能を付加してきた。

農水省の一部には（全部ではないと信じる）、農政補助機関としての必要性が薄らいだことで、農協そのものが要らなくなったと考えている人がいるようだ。これもとんでもない間違いで、農協には協同組合としての本来の業務が山ほどあるし、農業集落が農家の自治組織として存続する限り、その連合体としての農協も存続し続けることになる。とくに農業や農家への理不尽な攻撃が強まる状況の中では、農家は生き抜くためにいっそう集落と農協への結集を強めることにならざるをえない。

このようにして農業集落は、これまでと同じようにこれからも生きていくだろう。そしてそのことが同時に、地域を守り国民生活を守るための必須の条件となっている。集落が協同の力で守っているのは農家だけでなく、それにつながる農地であり、水であり、山である。それはそのまま国民食料の生産を守り、景観を守り、国土を守ることである。限界集落といわれるところで起きていることが、そのまま平地に降りてくることを願う国民は誰もいない。現在では農協の機能がなければ集落そのものも守れないのである。

「制度としての農協」の時代は終わっても、国の農政にとって農協は必要である。少なくとも国内農業を振興し、自給率を高め、景観や国土の保全などの「多面的機能」を農業に期待する限りは、行政の力の及ばない集落の自治機能を活用しなければならず、それをコーディネートできる農協の協力を得なければならない。そのあり方が支配─従属の関係でなく、対等平等なパートナーシップとなるとき、日本の農村も真の意味で近代化され、国民の期待に応える農業が育つのである。

> ※　太田原高昭氏は2017年8月11日逝去されました。
> 　　ご生前のご厚情に深く感謝するとともに、故人のご功績を偲び、謹んで哀悼の意を表します。

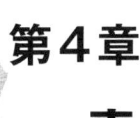

第4章

青年農業者が考える
農協の役割

黒田 栄継
全国農協青年組織協議会参与

1. はじめに

　ほとんどの日本人が「TPP」という言葉を初めて耳にしてから約7年、この交渉は2015年の10月に大筋合意をするに至った。

　交渉参加各国による署名は済んではいるものの、それぞれの国で批准に向けた作業が進められている最中であり、特にアメリカの大統領選挙の動向※をにらみ、その動きは鈍化傾向にある。しかも、すべての交渉内容が把握できているわけではないので、現時点で的確な「対策」を口にするのはむずかしい。だが、漏れ聞こえている情報より、事態が好転することはなかなか考えにくいというのも現実であり、現に国会ではTPP対策を急ピッチで議論している。（※2016年11月の米大統領選挙でトランプ氏が当選し、2017年1月TPPからの離脱を決定した。）

　自分も、この数年間この交渉には反対の立場で論を展開してきた。というより、正確には、こういった内容の交渉を受け入れる態勢が、法の整備も含めて、また思考の成熟度からみて、この国にはまだ整っていないのだと主張してきたように思う。これから先の未来に向けて対策を考えるのであれば、今一度、現状の課題を精査することから始めなければ

意味がない。何が足りなくて、どんな改善が必要なのか、それをひとまず棚に上げて対策を議論しても、一時的な効果しか望めない。一時的にでも効果が出ればまだよいが、課題に逆行していてはそれこそ悲惨な結果が待っている。

さらに、決して忘れてはいけないことは、今後もこのような国際交渉はまだまだ続くであろうということだ。根本的な課題を抱えたままでは、波が押し寄せるたびにダメージは蓄積され続けるのである。

ここに追い打ちをかけるように農協法の改正である。タイミングといい内容といい、まさにこの二つはリンクしていると言わざるをえない。一民間企業である JA に対し、ここまで国がその経営のあり方に口をはさむことは、厳に慎まなければならないはずなのに、このありようである。納得のいかない部分も山ほどあるが、今それを議論しても解決にはならない。あえて、自らを省みて今後の姿を検討してみたい。

実は、農協改革の議論、特に自己改革案を策定する会議に、自分も大いにかかわってきた。その議論の場で、自分は農業の現場で働く立場の者として、あえて、自らの責任に向き合う必要性を訴えてきた。規制改革会議の提言は、到底納得できるものではないし、余計なお世話といいたいところも大いにあるが、それでも、彼らにあんなことを言わせてしまった責任は自分たちにはないのか、隙があったのではないか、進むべき本来の道から少しばかりずれてしまっていることはないのか、そこから見つめなおそうと訴えたのである。

当然、JA グループの関係者はすべからく、この国の農業の発展に寄与することを目標とし、さまざまな分野の仕事をしている。組合員の足を引っ張ってやろうなどと思いながら仕事をしている職員など一人もいない。これは断言してもいい。しかしながら、時の流れとともに課題は変化し、組合員の望むものと JA が提供するものに若干のずれが生じてきたのは現実であろう。

さらに、組合員の JA の存在意義に対する考え方、理解の低下というものが、大きな隙になっていることもまた事実である。個人的には、これが一番の要因ではないかとさえ感じている。当初、農協改革は、ここ

まで国に押し込まれるとは思っていなかった。構成員たる組合員一人ひとりの意識の低下が、これほどまでに組織の弱体化を助長するのだという現実をまざまざと見せつけられた。

　しかし、農協がこれまで果たしてきた功績は間違いなく否定されるようなものではないし、これから先の農業・農村を持続させていくためにも決して欠かすことのできない存在である。

　今後、農協が向かうべき方向を考えるにあたり、いま世界の農業はどのような課題を抱え、どのような方向に向かおうとしているのか考えてみたい。意外とこのあたりから、自分たちの向かうべき道が見えてくることもあると思われる。

2．世界の動き

　昨年、ミラノで行われた WFO（世界農業者機構）の総会で、次のようなことを世界の農業者で共有することが必要であると決議された。

1．持続可能な農業の構築

　これには大きく二つの要素が考えられる。

　一つは家族経営を中心とした農業経営体の価値を再評価する事。アメリカやオーストラリアなどで多く見ることができる企業的な農業形態は効率や経済優位性などにおいて優れた点も多く、これらの形態を世界の主流にとの声も少なくないが、環境に与える負荷、または遺伝子組み換えをはじめとした、食の安全性の確保といった点から、これを最善だと断定する事に大きな危惧を抱えているのが現状である。また、企業的な農業経営の弊害が世界各地で問題になりつつもある。こういった組織は少数の経営者・技術者と多数の単純作業を行う労働者で構成されている場合が多い。何らかの理由で経営陣が撤退してしまった後、技術を持たない労働者だけが取り残され、急速に農村が崩壊してしまうのだ。実はこういった事例は数え切れないほど世界各地ですでに報告されている。

　世界のほとんどが家族経営を軸とした小中規模の農業中心であり、これまで農業を持続させてきたこれらの形態の維持こそが、持続可能な農

業の実現に欠かせない。

　二つ目は農業におけるイノベーションの必要性。一つ目のポイントとはやや矛盾するようにも聞こえるが、今後増え続ける世界の人口を支えるためには、農業の分野における技術革新は欠かせない。これは一律の技術を世界同時的に導入する事を目指すものではなく、それぞれの課題解決に見合ったイノベーションを積極的に導入する事を目指すものであり、特にこれからの農業を担う青年農業者に寄せられる期待は大きい。

　当然、これまで同様、またはそれ以上に環境に対する負荷の軽減、食の安全などについては配慮する事が大前提であり、これらに寄与しうる、これまでの収量増やコストカットなどの技術だけではない、新たな研究も必要とされてくるだろう。

２．労働力の確保

　これも農業の持続性に大きな影響を与える部分であるが、特に人材の確保は世界共通の課題といえる。この場合、労働力とは単純に作業を行う者だけを指すのではなく、経営も含めた、農業に関わるすべての人口を増やす事が大事である。現在農業者人口の多い途上国でもイノベーションの導入により、必要な農業者数は減る可能性も大きいが、日本がそうであったように、他産業の成長にともない、急激な農業者人口の減少も予想される。欧州においても農業人口の減少は大きな課題の一つであり、新規参入の流れをいかに作るかが喫緊の問題であるとの報告もあった。

３．農業の価値を世界人類全てで共有する

　農業に対する理解の促進、食に対する理解の促進を深めようと、これまで食育を中心に様々な活動を行ってきたが、これらの活動の必要性も世界共通だと思われる。これらの事に関しては、いわゆる先進地と考えられてきた欧州の青年農業者からも、このような取り組みの必要性を強くもとめる発言を耳にすることができた。世の中の利便性の追求ばかりが世界の進歩であるかのような価値観の中、生きる上で欠かすことのできない食、それらを生み出す産業の重要性を、今一度考えの中心に据える生き方こそ最新で最重要な生き方の提言となるといえる。

　これを読んでみなさんはどう思っただろうか？世界共有の課題といいつつも、日本の農業が抱える問題とほぼ同じであることに気がつくはずだ。自分もこの会議に参加して大いに驚いたことを記憶している。欧州の青年農業者の代表との会話の中で、彼の口から「国民の農業理解の促進が急務」という言葉を聞いたときなどは、驚きというより、欧州でさえそうなのかとショックを受けた。

　それと同時に、これまで JA が築いてきた価値観や、掲げる理念と、まさに合致することに気づくはずだ。つまり、これからの JA は、今まで以上に、本来もつこれらを推進する能力をいかんなく発揮し、一丸となって事業を展開していかなくてはならず、JA の存在意義が時代とともに低下するのではなく、これまで以上に高まっているのである。

　農村振興の第一人者ともいえる二宮尊徳の言葉に、「道徳なき経済は罪悪であり、経済なき道徳は寝言である」とある。

　経済最優先を掲げ猛進する現在のわが国のあり方は、かなりの危うさを秘めている。世界情勢や、一部の投資家の行動によって経済が左右される現状に道徳があるとは到底言いがたい。先に書いた世界の農業現場の本質と照らし合わせても、大きな齟齬が生まれる可能性がある。だからこそ、相互扶助を第一の目的に掲げる協同組合のような組織が、歯を食いしばってでも存在し続けなくてはならない。

　農業には、日本の国土や環境を維持する重要な役割があるのはいうまでもない。地方の多くは一次産業が基幹産業となっており、まさに地域振興の一翼を担っていることもまぎれもない事実である。農業者が国に自らの政策を訴える時も、ここが出発点になっていることが多い。国民の生命を支えるという、さらに崇高な責務も少なからず背負っているのが農業であり、農業者の声は時として、国や消費者に対し、はなから肯定されるべき存在との認識を強要しているように聞こえることがある。

　決してそのようなつもりで主張していなくても、本来農業という生業自体が道徳的価値観を有しているため、聞き手によってはそう聞こえるのも仕方がない。しかし後半部分に記されているように、「経済なき道徳もまた寝言だ」という事実にも向き合う必要がある。一経営体として、

農家・農協はそれぞれこの言葉をもう少し真摯に受け止め、自らを省みる必要があるのではないだろうか。双方をバランスよく実現させることのできる組織は、実はわれわれのような協同組合でしかありえないのではないかと筆者は感じている。そう考えると、ますますこの組織の存在感は増すばかりである。

3. 青年農業者の責務

次代の農業を担う青年農業者の責務として、今回の自己改革策定に向けて、自らがこの改革にかかわる必要性を強く感じている。国が言ったから考えるのではなく、現在農村地域、自らの身の回りで存在する課題の解決をめざして、青年農業者が自らの責務として声を上げる必要があるのだ。そのような認識の下、自己改革案の策定の際、以下のような意見書を提出し、今後あるべき農協のあり方を、ともに考え、またともに取り組むことを提言した。

JA グループの自己改革に関する意見書

平成26年9月26日
全国農協青年組織協議会

今般の「農協改革」の議論を受けて、JA全青協は、全国のJAの青年部長等を対象にアンケートを実施した。

それは、JA青年部に所属する我々若手担い手農業者は、農業生産の担い手であるとともに、JAのオーナーたる正組合員であり、将来のJA経営層であって、この「農協改革」の影響を最も受ける農業者であるからである。

だからこそ、自らの問題との認識のもとアンケートを実施し、このアンケートに基づくJAグループの自己改革によって、まさに総合審議会

の諮問事項である

　　　『農業生産の拡大』、『農業者の所得増大』、『地域の活性化』
に、JA とともに、これからも取り組んでいける環境となることを若手
担い手農業者は望んでいる。

　そこで、次代の JA グループを担う全国の若手担い手農業者の声として、
下記の内容を総合審議会の答申に明記し、JA グループの総力を挙げて
実施するよう強く要望する。

　　　　　　　　　　　　　　記

１．全ての JA は、担い手農業者の JA 事業利用の拡大に向けた具体的目標を設定すること。

> 　JA グループが改革を実施し、『農業生産の拡大』、『農業者の所得増大』、『地域の活性化』を実現すれば、農業者の JA 事業利用は必然的に増加するはずである。
>
> 　したがって、今回の JA グループの自己改革実現のバロメーターの一つを、担い手農業者が JA をどれだけ事業利用するようになったか、として関連する具体的目標を設定し、改革の進捗および評価を明らかにする必要がある。

２．担い手農業者から利用される JA となるために、以下の（１）〜（７）について「誰が」「いつまでに」「どこまで」取り組むのかを具体的に示すこと。

　　また、実施者は方針および実施計画を速やかに策定し、確実に実施するとともに、進捗および評価を明らかにすること。

（１）営農指導事業・販売事業・購買事業【共通】

営農に関わる専門職員の育成

① 　全ての JA は、営農指導・販売および購買事業に携わる職員の人事
　ローテーションについて、信用・共済部門と同列に扱わず、将来に対
　する最大の投資と考え、長期間にわたり同一業務で経験を積むことに

より高度な専門性を備えた職員を養成できる体制を整備するとともに、営農に関わる専門職員の評価・待遇・資格等の環境整備を行うこと。

② 全てのJAおよび経済連・全農は、営農指導・販売・購買の専門的知識を有する人材の登用を拡大し、担い手の要望に応えられる専門的なノウハウを蓄積すること。

③ 連合会・中央会は、営農指導・販売・購買に関する専門職員育成のサポート体制を一体となって整備すること。

④ 全てのJAは、営農に関わる専門職員に対する信用・共済推進ノルマを撤廃し本来業務に専念させるとともに、営農に関する事業において合理的目標を設定し職員のモチベーションの向上をはかること。

⑤ 信連・農林中金および共済連は、連携して、信用・共済事業に関する事務業務の簡便化のための取り組みを実施し、JAの職員配分バランスの見直しを実現させること。

> ### 営農指導・販売・購買事業の機能分担の明確化

① 経済連・全農および中央会は、JAグループの営農指導事業・販売事業・購買事業について、JA段階・県段階・全国段階の役割および機能分担を明確に示すこと。

（2）営農指導事業

> ### 担い手支援のための営農指導体制の整備

① JAグループにおいて営農指導員は、栽培技術指導にとどまらず、担い手の総合的な経営支援の実施を徹底するとともに、全てのJAは、経営・営農指導員と信用・共済部門職員の担い手への同行、TAC部署の組織強化等による担い手支援業務のワンストップ化（部門別の縦割り対応からの脱却）をはかるなど、JAの総合事業を最大限発揮した担い手支援を営農指導事業を基軸に展開すること。

② 連合会・中央会は、JAが①を速やかに実践できるよう、担い手支援業務について県域・全国域でそれぞれ連合会・中央会が一体となった体制・事業所を整備すること。

③ JAおよび県域組織は、行政と一体となり、各種制度等に関する情報をいち早く担い手に届ける体制を整備すること。

（３）販売事業

担い手の所得向上に資する販売体制の構築

① 顔の見える販売の強化・担い手の所得向上の実現に向けて、

- JA は、自ら努力して技術向上をはかっている生産者のためのプレミアム部会を品目生産部会のなか設置し、こだわった農畜産物や高品質な農畜産物を区分販売するなどの生産部会運営の工夫・強化を実施すること。

- JA は、加工することによる付加価値向上として主体的に６次産業化の取り組み強化を実施すること。

② 全ての JA は、経済連・全農と連携し、消費者のニーズや市場の動向等に関する情報を担い手に伝えるとともに、それをもとに販売を見据えた営農指導を実施すること。

③ 全農は、品目別の子会社などの連携強化や整理・統合により、加工・業務用ニーズへの対応を強化すること。

JA グループの機能をフル活用した米の有利販売の実施

① 全ての JA および経済連・全農は、米の販売手法について、

- JA は、こだわり米の消費者・実需者への高値販売

- 経済連・全農県本部は、県産米のブランド力向上に資する卸や県内実需者への販売

- 全農（本所）は、ナショナルチェーンへの販売や加工・業務用米、古米販売

など、明確に区分することによる無用な産地間競争、JA グループ間の競争を避け、国産米全体の有利販売の強化に取り組むこと。

※これら販売事業の取り組みによって『農業者の所得増大』をはかるには、担い手自らが率先して取り組まなければならないことも多く存在する。

　担い手は、JA の営農指導員とともに生産計画を立て、責任ある生産を実現し、JA グループ各段階の機能を理解した出荷体制の確立を実現することとする。

（4）購買事業

担い手の経営強化に資する生産資材の供給体制の整備

① 全てのJAおよび経済連・全農は、連携して、JAの取り扱う生産資材（肥料・農薬・飼料・燃料・農業機械等）について、以下のことを中心に、組合員への説明責任を果たし、「JAの生産資材は高い」という担い手の不満を払拭すること。

- 求められる農畜産物の収量や品質に必要となる生産資材の品質と、供給価格との関連
- 連合会の奨励措置、JAの利用高配当および各段階の機能・手数料等に関する仕組み

② 全てのJAおよび経済連・全農は、連携して、JAグループのスケールメリットを活かした供給手法の整備を行い、以下のことを実施することで、担い手に魅力的かつ安価な生産資材を供給すること。

- ホームセンター等の市場価格調査の徹底による価格競争力の強化（「8割の資材がJAの方が安い」ではなく「2割もの資材が商系より高い」との認識が組合員の感覚である）
- 担い手の求める品質・ロット・価格の資材の開発
- 奨励措置の運用改善（たとえば、前年供給高を基本に供給価格へ予め奨励措置分を算入するなど）

③ 大ロットでの生産資材の購入に伴う短期での支払が担い手の経営を圧迫していることから、

- 全てのJAは、予約品以外も含めた農業生産にかかる全ての購買品の決済の時期を、担い手の販売品売上が入金される時期に合わせて設定すること。
- 信連・農林中金は、決済サイトを長くするJAの取り組みを支援するため、利子補給などの直接的支援を実施すること。

④ 全農は、JAや経済連と連携し、生産資材について、相談機能を併せ持ったネット販売の確立や県域を越えた広域物流センターの整備を実現すること。

⑤ JAおよび経済連・全農は、組合員からのニーズが少なくなったと

思われる家電や宝飾品・被服といった非農業関連分野の購買事業から速やかに撤退し、経営資源を農業関連分野に特化させること。

（5）JA 事業運営

> JA の事業運営に担い手の声を反映できる体制への移行

① 　JA・中央会と担い手は連携し、全ての JA に 1 年以内に、青年部が設置されるよう取り組むこと。

② 　JA グループ各組織は、青年部が実施するポリシーブックの取り組みにより担い手と対話を実施し、担い手のニーズの把握、事業運営への反映に取り組むこと。

③ 　全ての JA は、担い手の JA に対する要望が、JA の事業運営に正確に反映されるようにするために、

● 営農関連事業について、担い手や認定農業者、青年部盟友などを主要メンバーとする営農・経済委員会を設置し、機動的で柔軟な意思決定が可能となる仕組みを構築すること。

● 将来の JA 経営層である担い手の意思が現在の JA 経営にしっかりと反映されるよう、担い手の意向を強く反映させられる者を理事・経営管理委員とすること。

● 組合のトップたる者は、担い手経営体出身であり、農業生産の現場を理解し、担い手の意向を踏まえ JA を経営できる者とすること。

④ 　全ての JA は、JA とともに頑張る担い手が報われる利用高配当を実現すること。

（出資配当により組合員全体に広く薄く還元するのではなく、たとえば、購買品の供給高を基準として頑張る担い手に厚く還元するなど）

⑤ 　中央会は、①〜④の実現に向けて JA・連合会と一体となって取り組むとともに、全中は、③および④の実現に際して必要な法令等の改正を農水省に要請すること。

（6）信用事業・共済事業

営農関連事業を支える信用・共済事業への移行

① 信連・農林中金および共済連は、生産者の販売品収入が自らの事業利益の源泉であることを改めて自覚し、自らの事業利益をもって農業生産・農家経営を支えていくことが使命であるということについて、職員教育を徹底するとともに、対外的にも明確に打ち出すこと。

② 信連・農林中金および共済連は、毎年の事業利益から一定の割合を、JAや組合員に直接還元し、営農指導事業等の充実や生産基盤整備に役立てること。

③ 信連・農林中金および共済連は、経済連・全農が他の商社同様に物流の川下をコントロールし、農畜産物等の有利販売を行うことができる体制を構築できるよう、経済連・全農に積極的に資金を供給し支援すること。

担い手の経営支援に重点を置いた信用事業の実施

① 全てのJAおよび信連・農林中金は、規模拡大を志向する担い手への思い切った融資制度や支援制度を拡充すること。

（たとえば、出荷計画に基づく融資判断や生産中の農産物を担保にした融資など）

② 全てのJAは、担い手の経営支援を拡充する観点から、信用事業だけではなく、営農指導と一体となった経営管理支援・融資を柱とした取り組みを強化すること。

③ 信連・農林中金は、①および②の実現のために、JAや経済連・全農、中央会と連携し農業経営分野の人材育成に取り組むこと。

営農支援に向けた共済事業の抜本的見直し

① 共済連は、収入保障共済など、JAらしい担い手を支援する共済を積極的に開発すること。

② この20年でJA職員は全体で3割減、営農指導・販売担当職員は2割減にもかかわらず、共済担当職員が5割増加していることをJAグループ全体で問題視し、共済連は、

● LA制度の見直しも含め、JA職員の共済推進の負荷軽減をはかる

とともに、営農関連事業への職員増員に資する具体的取り組みを実施すること。

- ● JA に対し、営農に関わる専門職員に対する共済推進ノルマを撤廃するよう働きかけること。

（7）中央会

JA グループの総合調整機能・代表機能の発揮

① 　中央会は、TPP 問題や、米穀等の農畜産物の再生産価格の維持を目的とした最低価格補償や所得補償に資する政策の措置等、担い手の要望を着実に実現するよう政府に提言し実現させること。

② 　中央会は、JA および連合会と連携し、食と農の相互理解や国産農畜産物の消費拡大のための、TV 等を活用した対外的な発信を積極的に実施すること。

③ 　中央会は、JA グループの総合調整機能・代表機能として、主体的に上記（1）〜（6）を実現させ、具体的成果を達成すること。

3．担い手農業者の声が実現されない場合は、中央会はもとより、JA、経済連・全農、信連・農林中金、共済連は、解散もしくは組織再編となる覚悟持って、<u>担い手農業者とともに自己改革を実施すること。</u>

　担い手農業者は、決して JA グループの解散を望んでいるわけではない。
　大切なのは、いま一度、農業生産の担い手である若手担い手農業者とともに、JA グループ各組織において、『農業生産の拡大』、『農業者の所得増大』、『地域の活性化』のために、何ができるのかを考えることであり、若手担い手農業者の声である本意見書の内容を、総力を挙げて実現させることである。

以 上

いささか組合員の都合を優先する内容になっているが、これが現場の本音である。JAグループは、組織を挙げてこれらの実現に邁進してもらいたい。また、農協も経営体である以上、ボランティア的に組合員に奉仕することばかりはありえない。できることとできないことがあるのは当然である。しかしながら、そうであるとするならば、「なぜできないのか、できないなりに最大限ここまではしっかりやる」というような意思の疎通が組合員とはかられなければ、農協理解の低下は改善されることはない。ここに書いてある意見も、要は本来あるべき農協の役割をしっかり果たしていこうということである。

　また、この中にもあるように、「農業者の所得増大」をはかるには、担い手自らが率先して取り組まなければならないことも多く存在する。担い手は、JAの営農指導員とともに生産計画を立て、責任ある生産を実現し、JAグループ各段階の機能を理解した出荷体制の確立を実現するという責務を負うのである。

　具体的にいえば、各出荷物の生産組織の強化が至上命題であると考える。優秀な生産組織は優良なブランドを形成し、自らの所得を伸ばすだけでなく、消費者にも喜ばれている。私は北海道の農業者であるが、北海道にも優秀な部会が多く存在する。川西の長芋、夕張のメロン、平取のトマト、数え上げればきりがない。

　所得の向上と地域の活性化を同時に達成するには、この方向が最善どころか、唯一ともいえるのではないかとさえ考える。農協と生産組織の二人三脚が明るい農村を作り上げるのである。

　そしてもう一つの大切な視点は、農協を中心としていかに地域を強くするかということである。

　数年前になるが、青森県のある農協青年部の活動実績発表を聞く機会があった。その地区はりんごの栽培が盛んな地域ではあったが、あまり土地条件の良い場所ではないとのことで、近年は高齢化も進み、農業収入も伸び悩んでいるとのことだった。数少ない若手農業者たちは、冬の間出稼ぎに行く人も多く、青年部活動も停滞気味だったという。

　ある年、気象災害の影響で、規格外の品物が大量にできてしまい、そ

の処分に地域みんなが困り果ててしまった。そこで地域に住む若手農業者たちが協力し合って解決に乗り出した。それらの規格外品を加工し、ジュースを作ったのである。最初は地域貢献のつもりで始めた事業だったそうだが、年々事業規模は拡大し、ついには会社を立ち上げるにいたったという。

　この話を聞いたとき、同じ青年部世代の人間として、心から賞賛の気持ちを抱いた。ふつう、何かの事業を始めるとき、人は必ず利益を求めるものである。現在自分が営んでいる農業でも、一定の利益がなくては次年度の営農を断念せざるを得ないのだから。

　でも彼らの動機はまったく違ったのである。「地域貢献」、その言葉から始まった取組みは、地域住民に感謝されただけでなく、少なからず農業収入の増加にまでたどりついた。さらには、冬期間の人の流出をくい止め、青年部活動の停滞をもくい止めたそうだ。地域の資源を最大限活用し、地域を支える人材を確保する。「地域力」が高まったとでもいうべきで、まさに地域の活性化につながったのである。

　彼らが取り組んだことは、まさに6次産業化である。確かに地域力の向上につながってはいる。ただ、彼らは6次産業化を求めて事業を起こしたわけではない。高齢化、労働者の流出、農業収入の低下、さまざまな課題を明確に洗い出し、自らの立ち位置を冷静に分析したうえで解決のために採用した、いわば手段としての6次産業化なのである。

　このように考えると、規模拡大も6次産業化も地域の活性化に向けた手段の一つに過ぎず、決して目的ではないということになる。取り組めばそれでいいというものではまったくないのである。事実、これ以上規模拡大すると地域住民がいなくなりコミュニティが維持できなくなるところもあれば、6次産業化しづらい作物が特産品の地域もある。地域の抱える課題もまた、地域それぞれなのである。

　重要なのは、農村地域の住民が地域の活性化という大きな目的を達成するために、自らが抱える課題を洗い出し、分析し、解決方法を考えるという事であり、その結果、国が打ち出したレールに乗っていなかったとしてもまったく問題ないと考える。要するに、農村に生きる私たち自

身が、表面的な効率化や限定的な所得増加だけに執着するのではなく、農村を真剣に考え、つながりを育て、独自の活性化策を自らが責任を持って立案、実行するという事が大切なのである。

　個々の能力向上は二の次で良いというつもりはまったくない。ただ、課題に対して真摯に向き合い、それらを排除するのではなく、解決に踏み出す方が、より力強い農業の実現に向けた近道なのである。困難な作業かもしれないが、農協を中心としてみんなで考えれば、必ず道は見えてくるはずである。

4．おわりに

　国の力が国力ならば、地域の力は地域力といった具合であるが、たとえば国力といえば何をイメージするだろうか？人それぞれさまざまだろうが、経済力に結びつける人が多くはないだろうか。軍事力に結びつける人もいるかもしれない。

　最近私は、ちょっと違うものをイメージする事が多くなった。経済力があっても豊かさを分かち合う仲間がいなくては何の意味も持たないし、強大な軍事力を持っていても、誰かを守る気持ちがなければ無用の長物になってしまう。

　本当の意味での国力とは、その国のもつ「労働力であり、技術力であり、その国の国民だという自覚から生まれる、国民同士のつながり」を指すのだと思う。特にこの「つながり」や、「互いに思いやる気持ち」がなければ、国という枠組みを維持する事すら不可能である。

　地域に置き換えて考えてもまったく同じ事がいえるのではないかと思う。それぞれの地域を支えているのはそこに住む人々であり、その地域に伝わる業であり、何よりもそのコミュニティで育まれた、人と人とのつながりである。これらを無視した経済振興策などは「地域力」の強化には決して結びつかないのである。先に書いた青年部のエピソード、彼らの活動は、地域のつながりを出発点として成功した典型といえるだろう。

　こんな取り組みの中心にはいつも農協がいる。

　みんなで力を合わせれば決してむずかしい話ではないはずだ。

第5章

女性部活動から見える農協の役割

池田 陽子
（いけだ ようこ）

JA 全国女性組織協議会　元理事
宮崎県・JA はまゆう　フレッシュミズ　元リーダー
聞き手：一般社団法人 JC 総研　副主任研究員
阿高 あや（あたか あや）

1. はじめに

　本書では「農協の役割を考える」というテーマで、系統内のさまざまな立場の役職員や、農業経済の研究者から提言を頂いている。農協にとって、また生産者にとっての協同とは、生産部会や共同購入・販売など営農経済事業に限ったことではないというのは読者の方々なら既知のことであろう。かつて「女」「箒」「人」と書いて「婦人」部という組織が農協にあったが、今を生きる農家の女性は家の中で掃き掃除だけをしているわけではない。女性部は、農協と地域と家庭とを繋ぐ絆そのものである。しかし、そこに集う人々は普通のお母ちゃん達に変わりはない。家庭や畑に押し留まっていたお母ちゃん一人ひとりが、農協の女性部という組織に集い、活動、発展し、いま農協女性部という枠組みすら超えて社会進出を果たそうとしている。

　本稿では、JA はまゆう女性部フレッシュミズの元リーダーで JA 全国女性組織協議会の元理事である池田陽子氏に焦点を当て、女性部員として共同・協同・協同について改めて考察したい。一女性として、母としての歴史や経験、農家の妻としての協同の経験、女性部員として仲間

とやり遂げた経験から語られる「農協の役割」が、読者の今後のくらし
の活動の変革の一助となることを願う。

2．南郷町の概況と果樹組合

　マンゴー生産を営む池田陽子氏の暮らす宮崎県旧南那珂郡南郷町は、
宮崎市の中心部から南へ約50km の場所に位置している。2009年3月に
日南市・北郷町と新設合併し、日南市となった。温暖な気候と美しい海
岸線に恵まれた漁業と観光の町として知られ、平地は少なく町土の約60
％を山林が占める。町の東側は太平洋の日向灘に面しており、海岸線は
リアス式海岸で美しい景観を持つ。

　合併以前、旧町単位での代表産業は漁業で、総生産の約3割を占め、
中でもカツオ、マグロの水揚げは町村としては日本一であった。農業で
は柑橘の他、施設園芸によるメロン、キュウリ、ピーマン、そして現在
はマンゴー生産が盛んである。町内には、旧宮崎県立日南農林高等学校
（現在は宮崎県立日南振徳高等学校地域農業科に統合）があった。

　宮崎県旧南郷町贄波地区では、2000年より国産マンゴーの産地を目指
す南郷町役場の全面支援により、国の農業近代化資金や新山村振興等農

美しい景観を持つ旧南郷町

林漁業特別対策事業による助成を活用し、複数農家がマンゴー団地を形成した。リーダーとして情熱を注いだのは、贄波亜熱帯果樹組合の酒井勝征組合長である。酒井氏は94年から３aで試験的に栽培、2002年春にはハウスたんかん７aをスターフルーツに更新した。きっかけは、南郷町にある宮崎県農業試験場亜熱帯作物支場で栽培されていたマンゴーを初めて口にしたとき「自分でつくれたらどれだけ楽しいだろうか」と感じたことだ。今では有名となった糖度15度以上の高級ブランドマンゴー"太陽のタマゴ"などを中心に、亜熱帯作物の栽培に心血を注いだ。酒井氏について、「親世代の人だけど、すごく引っ張っていく力のある人物」と池田氏は語る。

３．農業経営とマンゴー

　池田氏は、昭和46年、宮崎県延岡市で高校教諭の父と保育士の母の元に生まれた。２歳で都城市へ移り住み、高校卒業後は保育士資格の取得をめざし、市内の短大へ進学。卒業後は、地元の銀行へ就職し４年間勤務した。

　24歳の時に結婚を機に南郷町へ移り住み、夫の実家で同居を開始する

地元の産品を扱う「道の駅」なんごう

とともにミカン栽培をしていた義父と夫の農作業を手伝った。JA はまゆうの女性部へは義母から受け継ぎ嫁いだ当時から入会した。

同居親族は義両親と夫と三人の子どもで、長男（20歳）は、宮崎県立日南振徳高等学校地域農業科を卒業後、県立農業短期大学へ進学し今年3月に卒業。現在は、東京都内の青果物などを扱う仕事に就き、さまざまな品目の果物について研鑽を積んでいる。長女（高3）と次男（高1）も宮崎県立日南振徳高等学校地域農業科に在学し、農業を学んでいる。

池田氏は子どもたちを三人とも0歳のころから畑に連れていき、ゴザを敷いたうえで寝転ばせながら両親や祖父母の農作業を見せて育てたという。そのためか、長男・次男ともに小さい頃から農業をやりたいと言っていたそうである。今は、メインのマンゴーを引き継ぐであろう長男だけでなく、次男の就農に向け稲作の圃場の作物の切り替えなども検討している。

結婚当初、夫はミカンの専門農家であった。2000年より前述の酒井氏の誘いを受け、贅波亜熱帯果樹組合に参加したハウス団地の1期生としてマンゴー栽培を開始。現在は、柑橘栽培をすべてやめ、47a でマンゴー、コメを1.7ha ほど栽培している。ハウス団地は47a ほどの面積のものが

ハウス栽培されるマンゴー

10棟ほど並んでいる。

　JAはまゆうの亜熱帯果樹部会には、ライチやミラクルフルーツも合わせ、旧南郷町や串間市から20軒ほどが参加している。JAはまゆうには、亜熱帯担当（マンゴー、ライチ、ミラクルフルーツ）の営農指導員がいる。生産部会である亜熱帯果樹部会には正組合員である夫が出ている。自身は准組合員であるが、最近は女性の正組合員も増えてきているという。

　管内のマンゴー生産者は旧南郷町と串間市のみで、池田氏の生産したマンゴーは、南郷選果場へ出荷する。当然のことながら、選果場の目の厳しい検査の結果、自分たちで売る場合には商品にするものも、加工品としてはじかれてしまうこともある。

　これについては「手数料制も売れた何％が手数料というように歩合にはならないか。いくらで売れようが、手数料を一律で取るから農協は痛くない、というのが農家にとってはすごく辛い。農協が頑張って売ってくれたから、それの何％が手数料と相対的に変動すれば、危機感も上がるのかなと思う。生きていくためには自分たちで売るしかないといって、農協を離れていく人もいる。農協が、生産者が損をしない程度まで頑張って売ってくれればありがたい。良いものが売れるのは当たり前で、問題は、そうじゃないものをどうやって売るかで、ルートを探してまで売ってくれれば変わる。厳しさとハネ物の間で何かやり方はないのか」と語る。

4．農協活動

(1)　青申から知る農協

　JAはまゆうの組合員は、青色申告の負担がほとんどないという。それが当たり前だと思っていたら、東京で開催された研修に参加した際、たまたま宮崎県のJAの青申を題材にした報告があり、周囲の参加者から絶賛された。池田氏らはJAに出納帳と通帳を出してるだけで、あとはJAが全部やってくれるという。

　東国原知事時代、マンゴーの値が急激に上がったことがあった。その時に税務署が入ったが、JAが作成した過去3年分のデータを見せたと

ころ「いいです、わかりました」と納得し、ものの5分で帰っていったという。

(2) 女性部とフレミズ

女性部には結婚と同時に、義母と代替わりするかたちで入部した。当時は二世代で在籍する人はいなかったという。農業の世界に入った時に、「陽子ちゃん」って呼んでくれる人を増やそうと思い、それがいろんなコミュニティに入るきっかけとなった。

JAはまゆう女性部には、地域ごとに支部や班がある。地域の祭りや行事には、女性部として参加する。JAはまゆうの2003年3月の総会で、女性部は「活性化宣言」を採択し、以後、45歳以下のすべての女性部員がフレッシュミズに属すこととなり、その持ち前の明るさとやる気で池田氏はそこのリーダーとなった。規定では45歳以下であるが、ある集まりに参加したら70歳代の方もいた。

「場所によって、創り方がある。フレッシュミズを創るときに、『最初から女性部の中のフレッシュミズだよ。地域の行事とかには一緒に参加してね』と前置きしないと『私、女性部じゃないから』と言われてしまう。45歳で女性部を卒業されてしまうと、その後が続かない。そういう

フレッシュミズリーダーをつとめた池田氏

人を出したくないので、もし上の世代との活動だけで嫌な場合は、支部の中に気の合う班をつくってでも続けることが大切。あまり世代別にかたよって好きな人と仲良しこよしだけでは、文化を伝承してもらえない。暗黙の了解で『こういうときにはこうしなきゃいけないんだよ』というのも勉強になる。女性部に入ってすごく良かった」

(3)　WINK の設立

　2000年に女性部に入り、2003年に JA はまゆうが女性部の活性化宣言をしたことで、名簿上136名がフレミズの会員となった。しかし、「組織」としての実感はなかった。さらに、班活動だけでは親世代の先輩たちとずっと一緒だ。そこで、世代別にすればやりたいことも出てくるんじゃないかと考えてつくったのが、「わくわく・一緒に・ノリノリ・クラブ」、略して『WINK』である。

　WINK の最初の活動は、自分たちが「フレミズ会員であること」を伝えることであった。そこで、45歳以下の全部員に対し、かわいいわかりやすい勧誘のハガキをつくり、毎月送付した。ハガキにすることで、家族全員の目にとまるようになり、外出の理由を話しやすくする作戦もあった。WINK は本部の活動なので、鵜戸や串間から参加するのはたいへんだ。毎回全員にハガキを送るが、イベントによって自由参加なので参加者数は30名くらいに固定されてきた。たとえば、料理教室に参加してくださいと誘ってもこない。だから、漁協とのコラボであれば、これなら私たちも行きたいかなと考えて「魚、触ってみませんか？」と書いて呼びかけた。

(4)　漁協女性部とのコラボ

　南郷町の女性はみんな漁師か農家のお嫁さんなので、池田氏は漁協女性部に友達がいっぱいいる。コラボのきっかけは、平成20年度 JA 女性組織「フレッシュミズの主張全国コンクール」で最優秀賞を受賞した後に南郷町で開催された講演会に登壇した際、漁協の親世代の女性部会員が発表を聞いていたことである。彼女たちに「若い子たちが出てこないのよ〜。誘って」と言われ、是非ともということになった。

　活動には、友人である漁家のお嫁さんにも声をかけた。「えー、いいの？

漁協よ私たち…」と言っていたが、加入後に、早速2人の友人も連れてきた。新規加入の漁家のお嫁さんを講師に「鰹のさばき方&鰹料理セミナー」も開催。刺身やたたき以外にも、ブラジルから嫁いできた会員が、ガーリックオイルを使って野菜と鰹を焼いた料理を紹介することで、農業と漁業のコラボを楽しんだ。

池田氏はただのコラボじゃ面白くないと考え、当時『家の光』に掲載されていた「10年ライフプラン」を一緒に作成することにした。「みんなで書くことで、たとえば同世代の子がいるお母さん同士が、10年後には子どもが何歳になって、お金がいくら必要でと一緒に考える」

料理を持ち寄り語り合うことで、漁師と農家の生活はまったく違うことに気づいた。たとえば、南郷町の鰹漁師は4か月に一度帰ってこられるかどうかだ。普段お父さんたちは家にいないから、家を守るのはお母さんの役目である。かたやマンゴー生産者の池田夫妻は四六時中一緒。そういう生活の違いを話すことで、「たいへんなんだね」とお互いを知った。「新鮮だった。お友達としては知っていても、ライフプランとしては知らないことが多かった。お父さんがいて良かったことと、いなくて良かったことみたいな話もした（笑）」

(5) おせち作り

WINK で一番の人気企画は毎年12月30日に開催する「おせち作り」である。材料は農家の持ち寄りかJAで入手しやすいものを活用した。グループに分かれ各2〜3品作ると、合わせれば2段重いっぱいの20〜30品目の豪華な地産地消おせちができあがる。おせちはフレミズ WINK の企画だが、女性部の先輩方も参加してもらい、飾り包丁などを教わった。

池田氏は、このような学習の機会で女性部との繋がりを保った。また、事務局である農協の女性部担当職員や女性部会員には託児もしてもらった。小学生の子どもは一緒に料理に参加し、幼稚園生であっても刃物を用いないゼリー寄せなどを作った。自分の作品がおせちに入るのはとてもうれしいようで、「帰ったらお父さんに見せる」と。

WINK はこの他にも、ひな祭り前には人形の作り、救急救助法の講習会、英会話教室の開催、農協祭りでは地産地消のカレーライスやカツ

丼作り、「万能調味料作り」や「恥をかかないためのテーブルマナー講座」、「わくわく宿泊交流会」、「わいわい　夕食づくり」などのセミナーを開催した。

5．課題解決に向けて

(1)　女性部の課題

　女性部に消極的な人々の原因の最たるものは「役員になりたくない」だそうである。「『役員をやったほうがいいよ』と言えるのは経験者だから。でも役員をやってみて、人とつながっていくと本当に楽しい」という。

　また、マンネリ化も女性部を去る理由としてよく聞く。「女性部の活動は同じことを毎年続けている。万能たれ作りとか。でもそれって、続けて行く意味があるんだろうなと、つくづく思う。それがマンネリなのかもしれないけど。たとえばつくったものをネットで流すと、わーっと『いいね！』がつく。それがアピールの仕方によって『私たちのやってることってすごいんだ！』となれば、マンネリもなくなるのかなと。同じ地域内でやっていることを知らない人もいる。女性部はよく対外発信する力が弱いといわれる。女性部は何やってるか知られていないから、いるとかいらないという話になる。普通のことが実は素晴らしい、と意識することで変われると思う」

(2)　WINK の発展

　2009年に入会した現在のフレッシュミズリーダーである松田香里（串間市）氏が、2014年度「フレッシュミズの主張」で最優秀賞に輝いた。JA はまゆうのフレミズは、リーダーが二代連続で最優秀賞を受賞した。

　松田氏はまったく農業と関係ない人であっても、食育に関連する世代などに声をかけ新規会員を増やした。農協の考え方も「食育とかに関心があればよいのでは」と変化したことも追い風となった。そこで、保育所のママ友や同僚の友達などに声をかけたところ、メンバーが新規に30名集まった。農協は部員獲得のうえでも農外からの参加者を OK としているのだろう。もちろん、そういう動機の会員は食育や子育てから離れてしまえばやめてしまう。農業をしていないと農協女性部にはやはり最

終的には残らない。実際に動くメンバーは農業従事者だから、農家のガッツリした女性が残ってくれないと農協の女性部はなくなってしまう。しかし、農外の彼女たちが、現在、農協が求めている地域や食と農の応援団として、強力な潜在性を秘めていることは間違いない。

松田氏は主張の中で「仕事・家事・育児の忙しさに追われていますが、JAはまゆう女性部フレッシュミズを通じて親子で楽しみ・共感できる仲間、支え合う仲間と知り合うことができました。この活動が『今日の自分より明日の自分へ少しでもプラスになるように』」と言う。

⑶ Hinataあぐりんぬ

池田氏は、農水省の農村女子プロジェクトとは別に、宮崎県総合政策部秘書広報課広報戦略室が2016年7月に立ち上げた「Hinataあぐりんぬ」に加盟している。同組織は、はじめに5名ほどの活躍している女性農家に声をかけ、今では宮崎県下から27歳〜48歳の19名の女性が加盟している。キックオフ当日は、彼女たちの農産物をホテルのシェフが料理し披露した。

「○○の女性部というのには壁がある。私たちはそれを取っ払いたい。たとえば、農協の女性部のいいところと、普及所主催の女性部の集まりのいいところは違う。普及所は生活に密着し、どうやったら儲けが出るのか、具体的な作業方法などを勉強する。農協女性部はボランティアなどで心のつながりを学ぶ。加工グループの女性組織となれば、また違うだろう。忙しいから参加しないというのではなく、いろんな組織に所属することで情報を集め役立てたい」

この組織は20名弱の構成員のうち半分ほどが農協女性部（フレミズ出身者）なので、農協からすると待ってと思われるかもしれない。しかし、「こっちに持っていかれるというのではなく、『それだけ元気がある人が農協女性部にはいるんだよ！』というアピールもできると私たちは確信している」と池田氏は答える。

⑷ 農協の人づくり

池田氏は全女協理事であったときに、出席していた「人づくり委員会」で、全国の組合長や青年部の会長らと職員のあり方について協議した経

験がある。その時の感想を次のように述べている。

　「農協が地域に密着しているのであれば、総合事業の農協が地元の銀行や商店など単一業種の店舗に勝とうなんて思わなくていい。一番じゃなくてもいい。『あんたがいるから入るのよ』というつながりから始まる。たとえば、共済の内容のみで比較したら、保険屋さんのほうが良い商品もあるかもしれない。また、田舎の日常会話の中で『うちのキュウリできたから食べてよ』とか『あんたんところ病気してんじゃないの？』と声をかけたら『爺さんが具合悪くてね…』というところから、『だったらこういうのがあるよ』と話が広がっていくこともある。物をもらったりあげたり、便利屋さんとまではいわないけど、昔の農協職員はそうだったが、今では関係性が希薄になってしまった。営農指導員がノルマで共済を取りに来るとかではなく、共済は共済として人事研修をやってプロフェッショナルになってから異動して欲しい。他にも、購買の職員が変わるたびに薬の名前から質問されたり…新入社員ならまだしも、そういうのがたまに見えるのは残念」

(5)　目に見えない利益

　女性部活動にとっても、農協の役職員人事は死活問題である。女性部活動は土日にあることが多いため、たとえば全然違う部署から異動してきた上司が、休日出勤することが嫌だということを理由に企業的に「そういうのはやらなくて良い」、「そういうのは面倒くさいからするな」と言ってしまえば、係りの職員がやりたくてもできなくなってしまう。

　この点についても、池田氏は「私たちも仕事をしながらの活動だから、やりたい活動もあるけど農協を思ってやっている活動もある。もし『そこまでしてせんでも』となれば、農協から人々はどんどん離れてしまう。農家の財布を握っているのは、私たちお母さんたちである。農協の女性部員は、信用・共済・販売・購買・営農・福祉などすべての事業や活動に関わりを持っている人たちである。もし、ないがしろにするようなことがあれば、農協全体の問題として改善しなければならない。預金や保険など目に見える利益だけを成長させることは一般企業でもできる。目に見えない利益＝人とのつながりという面においては、農協がありし日

の姿に戻ることができれば、もっと人が寄ってくるのではないかと思う」と言う。

(6) 全中さん、いるやろ

「なんで農協ってマスコミとかに悪く見られるのかな？と思う。TPPとか私たちの周りの農家は反対だけじゃなく、そうなった時にどうなるかという明確な対処法などを販売ルートにしても教えて欲しい。反対の声も上げんといかんのだろうとは思うが、それだけではだめだ。最初の頃は資料も流れてきていたし、興味のある人はいたが、危機感はなかった。上の人は会議に出ているから、たいへんだとは聞いていたが、では、実際にそうなったときにどうするか、という話しは出ない」「反対は反対で叫んで欲しい。縛られるものも多いので、元気な農家ほど自分で販路も開拓して農協を離れてしまう」

JA 全中主催の有識者の会議に委員として出席していると、農協改革の旗印の下、さまざまな事業が営農から切り離されようとしていることを知る。しかし、その梯子を外して良いのかと、池田氏はとても疑問に思う。「全中さんも、いるやろって。見えない利益は排除しようって流れはダメ。女性部も中央会も、いるところではいるやろって。資材の値段とかは、もうちょっとどうにかならないかなとは思うけど…」

6. おわりに

「『農協らしさをもう一度』、と農協の上役の人たちも私たちと同じようなことを言う。今の課長さんや支店長さんたちは企業戦士並みのモーレツサラリーマンが多いが、人と人とのつながりや利益にならないことをやれるかどうかも農協職員としては見極めていかなければならない」と、池田氏はかつて銀行員だった頃の自分を振り返る。当時は課長や支店長に、「顧客とおしゃべりをするよう教えられた。何気ない会話の中に『うちの子、今度入学するのよ』という情報が入っている」と。情報収集としておしゃべりすることの大切さは農協職員でも必須であろう。また、「職場では〇〇銀行の人、と見られるんだから、ある程度知識を持ってね」という教えも受けたという。「係りが違うからわかりません」

ではダメ、これも農協職員も地元の銀行員も共通であろう。

　インタビューの最後に、池田氏は「農協は、組合員にとって家族のように末永く寄り添える存在であって、共により良くなれるよう話し合える組織であって欲しい」と農協への期待を述べた。

第6章

協同組合と共済事業で学んだこと

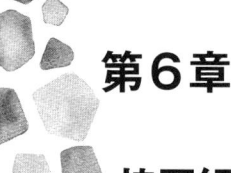

伊藤 澄一
（いとう すみかず）
JC 総研客員研究員

1. はじめに

　JA 共済連、JA 全中そして日本共済協会という、協同組合を基盤とする三つの組織に奉職してきた。それぞれの組織で働きそして学んだことについて、個人的な体験を記してみたい。多くのことが思いどおりにならなかったが、そんなときに、協同組合の考え方、理念、原則などが先人たちの言葉や行動に現れて、勇気づけられたと思う。それは、協同組合原則にある「教育訓練（学んで事に備える）」だったと思う。今後ともみなさんと「仕事を通じて成長できる協同組合らしい職場」をつくっていきたい。

2. 共済事業の契約者保護

(1) 契約の成立をめぐる訴訟

　31年前の1986年8月に東北の JA 管内で台風による建物被害が発生した。コメ代金が入る秋に、建物更生共済（建更）に加入する意思を示していた農家組合員に自然災害共済金が支払われないことから集団訴訟が起こった。翌年、被告である共済者側証人として証言をした。

共済契約は、申込書に必要事項を書いて1回目の掛金相当額を添えて申し込んでもらい、引受審査の後に引き受けを承諾すると、申込日から契約が成立し共済責任が始まる手順となっている。しかし、このケースは、コメ代金で建更契約に加入するという契約の予約のような意思表示であり、契約には至っていないものだった。

　共済契約は数千万件と膨大で、電算システムで契約管理されている。そこにも記録はない。被害が発生したことで、申込書がなくても掛金相当額が払い込まれていなくても、電算システムで管理データがなくても、地元JAの共済推進の際に申し込んだはずとトラブルになった。契約の成立をめぐる争いでもあり、約款をつくって認可を受けているJA共済連も訴訟の当事者になった。

　個人的には「仕事」について突き詰めて考えざるを得ない事案となった。証言の前に、全共連（当時）の約款担当の係長の考えを「陳述書」にまとめて証拠書類として地裁に提出した。長い訴訟となり、原告も減って裁判官や関係者も交代していった。「陳述書」は変わらぬ証拠書類として俎上に残った。結果、共済者側の主張が認められたが、契約加入を希望する者に契約を予約したという曖昧さをもたせることは契約者保護の面で避けなければならないと思った。

(2)　LA 推進体制の構築と共同元受制度の実施

　この時代の共済推進は、JA の役職員や組合員の協力を得た短期集中の一斉推進がメインであった。先進 JA では年間を通じた共済担当職員による恒常推進に移行していく時期でもあった。この訴訟案件は、恒常推進体制をさらに進化させた専門の LA（ライフアドバイザー）による体制を進める一つの契機にもなったと思う。1994年に全国 LA 制度ができ、協同組合運動としてもコンプライアンスの面でも契約者保護に徹した「LA 推進体制」が構築された。LA は日々組合員のお宅を訪問するので、組合員の営農や生活の実情を理解する。LA の外務活動は組合員ばかりでなく地域の実情を理解するために役立ち、JA の人材が育つ「教育訓練」の機会にもなったといわれている。

　また、当時は保険会社の一社体制に比較して、JA・共済連・全共連による元受け・再共済・再々共済という三段階運営がわかりにくく、訴訟の際に裁判官には「陳述書」等で実質は一社体制と同じだと説明をする必要があった。後に都道府県共済連と全共連が統合しJA共済連となり、JAとJA共済連が共済契約を共同で元受して責任を果たす「共同元受制度」を導入するに及んで、事業の一体性と契約者保護が整備された。

　JAグループの上記二つの取組みは、保険会社とのイコールフッティングを求められていた時代に、JAらしい方法による革新的な改善となった。証人として訴訟に直接タッチした私も安堵した。

3．異常災害時の建更制度　―阪神淡路大震災―

　1995年1月17日未明の阪神淡路大震災との遭遇は、共済職員として最も大きな体験となった。ちょうどこのとき、4月実施予定の建更の仕組改訂の承認をとるべく農水省と折衝を続けていた。保障する限度額を1億円から5億円に、保障の対象を時価保障からすべて新価保障にするなど、地震保障も比例的に引き上げとなる内容だった。

　この巨大災害にJA共済、建更は対処できるかどうか試されることとなった。地震発生後、農水省との折衝は中断し双方が被災者救援の活動に入った。私も数日後に兵庫県淡路島に派遣された。現場の把握と損害調査査定の体制づくりをサポートした。災害が発生するとJA職員は地元の人材として人命救助や消防活動に従事する。その傍らで、建更加入者の住宅の被害調査や損害査定員の同行案内など、重要な役割を務める。JA共済連には大きな災害の際に、地元はもとより全国の本部の職員を建更の損害査定のために動員する制度がある。その制度ができて初めての大規模災害の発生であった。1年後に日本共済協会の『共済と保険』誌の特集に次のような記事を書いた。

　地震発生から1週間は、自らも被害者であった地元JA職員のみなさんの献身的な活動により、被害状況の調査と被害写真の撮影が地域ごとに徹底して行われました。初期行動は見事といってよく、その姿は

NHK でも放映されました。地元の JA・共済連、応援の他の共済連、JA 全共連の4者の相互協力が印象に残っています。とくに JA 支店長は、10日目以降から査定処理が進むと住宅所有者名の集落地図に査定状況を色塗りして進めました。やがて査定員が帰った後でも自分たちが組合員にきちんと説明できるように考えて、迅速より公平を重視する活動を念頭に行動していました。教えられました。

建更制度は、協同組合理念をそのまま保障制度にしたものと考えてよい。とくに有事の際に、建更制度は使命感を帯びた協同活動に変わる。巨大災害になればなるほど、それぞれの JA 支店の段取りや日頃の情報、調査能力、訪問活動が重要になってくる。平時の諸活動はそのまま有事のための「教育訓練」にもなるのだ。それを自ら体現していた現場指揮の JA 支店長はじめ JA グループ職員たちの行動は見事であった。

このように巨大災害の発生で4月の実施が危ぶまれた建更の仕組改訂は、現場対応はもちろんのこと、海外再保険からの回収や全国からの損害査定員の動員、電算システムの迅速対応、共済金支払の担保力など、そこで果たした共済責任が評価されて、予定どおり4月1日に実施された。農水省との折衝において、建更制度をめぐる担当官とのやり取りも忘れることができない。

４．東日本大震災での JA 病院職員の姿
―地震・津波・原発災害の現地にて―

2011年3月11日に発生した東日本大震災についても触れたい。このとき、私は JA 全中にいた。損害査定とか共済金の支払いという立場ではなく、非常に広範囲の農山漁村に及んだ超巨大な地震・津波・原発災害に JA 組織としてどのように立ち向かうかという立場であった。いくつもの災害現場を歩いてきたが、マグニチュード9.0の巨大地震、東北から関東の太平洋沿岸部を襲った巨大津波、レベル7の原発事故と世界にも類例のない巨大災害になると直感された。

混乱とともに数か月が過ぎ、地震発生5か月後に福島県南相馬市の

JA鹿島厚生病院を訪問した。当時、野党自民党の議連「農民の健康を創る会」の国会議員とJAの医療関係者が意見交換の場をもった。同市は地震に加えて津波と原発事故にも遭遇し、究極の被災地であった。

　トリプル災害で、南相馬市は生活できる地域と生活できない地域に分かれた。若い層の流出などの人口減少、医療施設の激減、住宅のひっ迫、農地の休耕などで、とくに高齢者層へのしわ寄せが深刻な問題となっていた。災害では常に高齢者が弱い立場になる。耕す楽しみを奪われ、若い人たちのサポートが減って、健康維持もままならず、生きる希望と気力をなくした高齢者が体調変化をきっかけにそのまま寝たきりの状態になっていくといわれる。JA病院に来られない高齢者のみなさんについては、打つ手がないとのことであった。このような方々がJAの組合員・利用者だ。「高齢者のみなさんの生きる希望を培っているのは農業であり農作業である」とやさしい目に疲労をたたえた院長は口にした。いくつかのささやかな特例措置を認めてほしいが、医師としての一番の要望は意外にも「一日も早く農業ができるようにしてほしい」というものであった。今も耳から離れることのない言葉となっている。

　看護師や介護職員たちは、原発事故後の3月15日に「家族のもとに帰り避難するか」「病院に残るか」という選択を迫られることになったという。帰宅と避難を決めた人は患者や残った同僚たちに対して、病院に残った人も家族（父母・こども・夫など）に対して、強い自責の念に苦しんでいるとの話を聞いた。JA双葉厚生病院の看護副部長は、泣いて詫びるスタッフを「看護師として強い使命感を持って行動してきたのであろうが、それは時につらく悲しいものだと感じた」と気遣っている。

　地震直後の職員の行動と思いを記録したJA福島厚生連編集の『双葉・鹿島　そして未来へ』の随所に、仕事と家族のはざまで苦悩した女性たちの記述がある。JAグループは条件に恵まれない地域において、医療・介護事業を実施していて、このような事態にも対応している事実はあまり知られていない。その中心に多くの女性スタッフがいるのだ。

5．人材育成で印象に残る JA 指導者

協同組合人としての生き方に学び敬意の念をもっていたのは、JA みっかび元参事の中川晋氏と現 JA 周南会長の金子光夫氏である。

(1) JA みっかび・中川晋氏

JA みっかびは、みかんの名産地。1927年（昭和2年）生まれの中川晋さんとの意見交換は昨年亡くなるまで18年に及んだ。実に魅力的な方だった。

1991年から92年にかけて、JA みっかびの専任 LA 体制と農協全体の事業の取組みや職員教育について取材した。それは1998年7月に『レイズ・ザ・ルーフ！ 共済事業から見た JA みっかびの成功の秘密』として出版された。たちまち全国の注目を集め2万部超も普及するなど、JA の LA 体制づくりの教科書となった。その中心に中川さんの教育思想があった。1982年に JA を退職後は全国の JA を講演で歩き、すぐれたアイディアを持ち帰りアレンジして JA の事業活動に落とし込んでいる。「学ぶは真似ること」でもあると中川さんは口にしていた。

JA みっかびは、共済事業では LA・縣正己氏の存在でも知られる。1985年頃から全国のトップ LA となり講演でも全国を歩き続けた。定年後の現在も嘱託職員として変わらない活躍をしている。中川教育の薫陶を受けた一人だ。

取材では、傑出した一人の LA を顕彰しその共済推進スタイルやスキルを取材するつもりが、むしろ JA 事業のほとんどすべての分野で全国や静岡県でのトップクラスの職員を輩出し続ける JA の秘密を取材することになった。当時、「三ヶ日みかん」の JA として合併はしないと決断していた。その JA の LA 5名、管理者4名に対する100時間超の個別のインタビューを通じて、JA の基本理念、組合員指導、職員の人材育成と「教育訓練」のノウハウなどを聴き取った。

中核にあった中川さんの考え方について、やはり薫陶を受けた信用共済部長は、次のように語っている。

　　総合事業のなかで共済事業が農協の最終業務なんだということです。総合事業として、生産・販売・指導・購買・金融・共済をやっていますが、やっぱり「まず生産ありき」です。農協ですから。農家の生産基盤を拡充し生産性を上げる。それと平行して肥料・農薬を中心として、生活購買まで含めて利用してもらう。これはもう車の両輪みたいなものです。歯車が効果的に回ると、生産・販売・購買がうまくいき、その結果として貯金に反映する。そして最後に共済ということになります。その表玄関が貯金と貸付です。それらが生産・販売に、再生産に結びつき循環していきます。そういう中で組合員の生活まで入り込んで、将来を考えて、保障を提供していく。保障は一面では福祉でもあります。20年、30年先まで組合員の生活を考えられる。計画できる。そこが共済の一番の意義です。

　中川さん自身が、職員にはたらきかける言葉は「火の魂（ひのたま）」と比喩された。共済事業については、現在のJAみっかびは縣正己さんらの指導で、7名、8名のLA全員が全国のトップLAに育っていく。縣さんにも伝わった中川さんのLAに対する「教育訓練」の言葉＝火の魂は、面白い比喩で語られている。今でもその表情と口調をよく覚えている。

　　JA事業で営農・生活が「骨格」だとすれば信用・共済は「血液」、ならばLAは「ヘモグロビン」です。LAは栄養を届け、預かるものを預かり相談に乗る。これが仕事です。LAの気概がいかに重要であるか。組合員の第一線に立つLAというのは、例えていえば国際線の飛行機です。夢をもって俺が飛んで行って組合員の利益を守ってやる。こういう気概に燃えるLAの登場が、あるいはLAづくりが一番重要だと思います。仕事は意気・情熱ですから。情熱は才能を乗り越えるんですよ。

　JAが教育組織だとするなら、そこには熱意をもって「教育訓練」を

口にする人＝指導者が存在し続けることが第一条件だと取材の際に学んだ。JA改革論議の中で、すでに一つの答えを出したJAとして全国が注目する、JAみっかびの20年前の姿である。

⑵　JA周南・金子光夫氏

　金子さんもJA経営の基本を人材育成と「教育訓練」にあると考え、現在もJAの会長として、それを続けている。職員に対する飽くなき思いと関心だ。その取組みは2000年4月に出版された『そこにある未来』の中で他の2JAとともに紹介された。1996年以降20年にわたって、金子さんの足跡をウォッチし、折々の意見交換をしてきた。

　金子さんは1971年に農協に入って、2年目の1972年から1983年までの11年間にわたり自らLAとして活動し、支所長を6年経験した。これらがJAでの金子さんの人材育成の原体験になっている。その後、金融部長、経済担当常務などを経て経営管理委員会会長になった。JA全中を始めとする全国連合会の審議会委員等を務め、JA事業のすべての分野に精通する全国有数のJA指導者の一人だ。講演を引き受けて全国を歩き、情報を求め視野を広げたことは中川晋さんと共通している。

　金子さんは「JA周南ではJAみっかびのようなスーパーな職員やLAは誕生しない、LAを経て有能な管理者を育てることに意図があるから」と語っている。当時のLA80余名全員のレベルを少しずつ確実に引きあげること、実績という果実を軽視はしないが、大型合併JAの人材育成の「教育訓練」の職種としてLA・渉外体制を考えたと語った。人が育って成果が出る、さらに指導者を育てる、それが目標だと。

　金子さんは、組織の中の個人の意識がよい方向に変化していくことが個人の意識改革とするなら、その個人に働きかけるメニューや諸制度の先に、組織の意識改革システムがあると話した。初めは一人ひとりに働きかけ、それがグループを形成して組織に定着し、人の異動によって簡単には後退しないレベルに達してルールになっていく。しかも、完全というものはなく、環境や条件の変化があるので、常に確認と見直しをしていく。そのプロセスにおいて、職員やLAの成長と業績向上を一体化

させたいというもの。職員は仕事を通じて成長する、そして成果が生まれるという考え方で、現在、全国のJAが取り組んでいる「仕事で人が育つ経営」への転換にすでに取り組んでいたことになる。

　もちろん、このようなシステムで職員すべてが成長し実績があがるのではない。職員との面談を重視するとともに、日々の活動をデータ管理（信用情報と共済情報の一元化などを独自に開発）して組合員のニーズ把握に役立て職員の育成に役立てる、という金子さんの手法なのである。次の言葉がそれなのだが、具体的に裏づける制度をJAのシステムで確認したときは、驚きで言葉を失った。JA周南は、瀬戸内海にも面してそのエリアは農業地帯というより工業地帯である。JA改革論議では、農業と暮らしを大切にして地域の拠り所としてのJAの役割に一つの答えを出している。そのJA周南の20年前の姿である。

> 　私が実績管理だけで職員やLAを評価することをなぜ避けているかというと、実績を左右する要因としては経験年数、スキルの違い、知識の違い、配置支所の市場性の違いなどさまざまで、実績だけで判断してしまうとその担当者に力がついたのか、資質が向上したのか、ここが見えない。だから、行動目標にウェイトを置きます。行動目標なら新人でも平等に近い条件になります。その行動内容をパソコン管理してデータ化し日々の足跡を分析して職員やLAの強みと弱みを見る。問題点を把握し対策を練って計画を立てます。この流れでヒヤリングをやる。面接、ミーティングです。データでは行動と実績は相関関係にあることがわかっています。行動実績がよくて実績が今一つのLAには知識・技術の習得を指導します。このように、実績管理と行動管理の相関で指導していく手法、つまり職員・LAのプロセス管理を大切にしています。

　さて、中川さんも金子さんもJA職員を大切な人材、組合員から預かった「宝物」と考え、「行動する職員」を育てるという点で共通する。職員は指導者の発する熱い言葉＝火の魂や確たるビジョンに触れたいと

思っている。JA改革論議が力ずくの成果主義や管理主義に傾くことがあってはいけない。JA改革の嵐の中で、職員たちを「教育訓練」して農業や地域を担う次代の指導者にしていきたい。これは誰にも見えるJA改革の各論であり、絶好のチャンスだ。中川さんと金子さんの行動と言葉は今も新しい。

6．JA全中はJAグループの協同組合間協同の拠点

(1) JA全中という組織

　JA全中はJAグループのアイデンティティーの拠点だ。プロパー職員は130名前後と少なく、各全国連合会（全農・共済連・農中・農業新聞・家の光・農協観光など）からの出向職員100名余の合計230名程度の組織だ。換言すれば、JA全中は総合事業を実施するJAグループの事業ごとの協同組合間協同の拠点でもある。看板の仕事は「営農と暮らし」であり、教育、広報、監査制度などがこれを補完する。仕事を通じての学者、議

表1　激動年表

激動年表		
印の見方	■貿易	
	●政治・経済・社会	
	★JAグループ	
	▲気象・災害	
■	H20・7	WTO決裂
●	H20・9	リーマンショック
●	H21・8	衆院選挙。民主党政権誕生
★	H21・10	第25回JA全国大会
▲	H22・4	口蹄疫発生
●	H22・7	参院選挙。衆参ねじれ現象
▲	H22・夏	異常気象・猛暑・大雨
■	H22・10	TPP問題発生
▲	H23・3.11	東日本大震災・大津波・原発事故
■	H23・11.11	首相がTPP交渉参加方針の表明
★	H24	国際協同組合年
▲	H24・夏	異常気象。猛暑・竜巻・大雨
★	H24・10	第26回JA全国大会
●	H24・12	衆院選挙。自公政権誕生
■	H25・3	首相がTPP交渉参加表明。アベノミクス
●	H25・6	厚労省推計。認知症460万人、軽度認知障害400万人
■	H25・7	参院選挙。TPP交渉参加。
▲	H25・夏	異常気象・特別警報
★	H26	国際家族農業年
●	H26・6	規制改革会議新聞等のJA攻撃
▲	H26・8	8月豪雨・広島土砂災害

員、政党、役所、全国の農業者、JA 中央会、JA 全国連、JA 青年・女性組織、生協・漁協等の他の協同組合、新聞・TV・雑誌等のマスコミなど、幅広い方面の関係者とのやり取りはそれまでの経験にはなかった。

　JA 全中に異動した2008年8月は WTO が妥結寸前で決裂した直後だった。任期の6年は【表1】のような激動が続き、2010年度は TPP 問題と東日本大震災の発生など節目を迎え、さらに、2015・16年は農協法改正・農協改革、TPP の大筋合意・批准・アメリカの離脱などが続き、農業・農村・農協のフラストレーションは限界に近づいている。

⑵　女性の JA 運営参画3目標

　JA 全中の JA 支援部には JA 全国女性組織協議会の事務局がある。少子高齢化が進む日本では女性の活躍が大きなテーマとなっている。農水省も管下の組織に対して、とくに JA の理事会等に女性理事を登用すること、農業委員会に女性委員の登用などを進めてきた。そのために JA の定款を変更して女性理事枠を設けることも認めた。

　全国女性協の会長は2年任期。6年の間に、福代俊子（島根）、佐藤あき子（青森）、瀬良静香（岡山）、大川原けい子（福島）の4氏と活動を共にした。JA 運営への女性の参画を進めるために、①正組合員の25%、②総代の10%、③1JA 2名以上の理事等の登用という三つの目標数値を掲げ、組織を挙げた取組みが15年以上も継続している。4人の会長はこの時代の役割として熱心に取り組み、成果に貢献された。

　この15〜20年は広域合併による JA の大型化が進み、1県1JA も増えた。理事枠は大きく減ったが女性理事が拡大したのは、JA 女性組織自らが運動したこと、表1のような激動期の中で JA 組織の危機感が高まり、行き詰まった地域社会からの要請があったことなどがある。

　最新のデータである2016年7月調査（カッコ内は23年数値）では、目標に対して、①は21.13%（18.26%）の937,465人、②は8.4%（5.8%）の23,946人、③は1,305人（835人）で1.98人（1.17人）となった。過去6年間の数値は、表2のとおりとなっている。3目標ともに、確実な右肩上がりを示している。全国の JA での一つひとつの息の長い取組みが奏功

表2　女性のJA運営参画3目標の推移

	23年	24年	25年	26年	27年	28年
①正組合員比率（％）	18.26	19.20	19.78	20.63	20.86	21.13
②総代比率（％）	5.8	6.5	6.9	7.6	8.1	8.4
③役員数（人）	835	969	1,117	1,277	1,306	1303
役員比率（％）	4.3	5.1	6.0	6.9	7.2	7.5
（1JA当たり平均：人）	(1.17)	(1.36)	(1.59)	(1.83)	(1.92)	(1.98)
（参考）3目標達成JA数	28	39	54	72	79	84

していると思う。幾多のドラマもあったと思う。3目標を達成したJAは2011年には28だが、2016年には84となっている。「女性にソッポを向かれたJAに未来はない」という組合長の名言もあった。

　少しずつではあるが、後退することなく、JAグループそして農村や地域社会に女性のリーダーが育ちつつある。なお、准組合員に占める女性の比率は38.5％の225万人となり、正・准組合員では30％の318万人となった。JAの課長職以上の女性管理職は8.3％の2,679人となり、毎年増加している。一方で、現在は60万人を切ったJA女性部の部員の減少については歯止めがかかっていない。

⑶　JA改革論議で女性のJA運営参画を進めること

　女性の正准組合員の増加は、農業に従事する女性は正組合員に、生活事業を利用する女性は准組合員にという身近な取組みが奏功している。JA改革論議では組合員問題と引きかえにJA全中の指導力を減殺させる組織改悪を呑まされた経緯があるが、女性組合員の位置づけについては分析も議論もされていない。これからだ。JA女性組織、女性組合員のJA運営への参画、理事等への登用の動きは、①農業の担い手として、②高齢化率26％の日本にあってさらに高齢化が進んでいる農村の高齢者支援の担い手として、③平時や有事（異常災害時など）の際に生活実務の担い手としてますます大きな役割期待がある。中山間地の消防組織の担い手が女性でもあるのと同じだ。国の施策の後押しを受けたJAの女性理事等への登用につながる動きは、JAでの女性管理職登用の流れとともに中断させてはならない。地方創生などというが、その担い手であ

る女性の活躍に水を差すことになってはいけない。

　今後の組合員問題の実態調査では、JA 運営における女性参画についても十分な間口をもった調査と分析が必要だと思う。平成29年度も「女性の JA 運営参画３目標調査」が実施されようが、JA 改革で運動が手薄になり、３目標の取組みが後退していないことを願いたい。

⑷　佐藤あき子会長の生き方

　ところで、社会人生活では先人や仲間とのつらい別れも不可避なのかもしれない。忘れることができない悲しい出来事もあった。東日本大震災のときに会長を務めていた佐藤あき子さんのことだ。2009年５月に就任し大震災で延びた任期を務めた2011年７月に病気で亡くなった。65歳であった。津軽のリンゴ生産農家でもあった佐藤さんは、地元 JA 理事も務め、女性部の部長、県の女性組織の会長、そして JA 全国女性協の会長となっていた。2010年１月に全国から6,700人の女性部員を集め、ディズニーランドなどでさまざまなイベントを催すなど節目となる第55回 JA 全国女性協大会を挙行した。それ以降、佐藤さんは体調がすぐれず病気回復の努力と会長の仕事をお続けになった。青森から時間をかけての東京との往復も楽ではない。副会長へのバトンタッチを幾度か勧めたが、「活動している方が心身にはいい、最新の医学で処置している」と肯ずることはなかった。この間、病院や自宅のリンゴ園に佐藤さんをお見舞いしたことがある。リンゴ園で椅子に掛けた佐藤さんの表情は落ち着いていて、むしろ私や同行した女性協担当の生部室長への配慮に満ちていた。リンゴづくりの話をされる中で、どのような事情があっても組織トップを投げ出すことはしない、との強い意志を感じた。

　JA 役職員は個々人が先を歩く組合員や組織リーダーたちに学び自らの生き方に活かしている。それは「精神のリレー」として次世代に引き継いでいくものだ。佐藤さんとは JA みっかびの中川晋氏をお互いに師と仰ぐ話で盛りあがったこともあった。それもこれも「教育訓練」であったと思う。亡くなって６年。女性組織トップの佐藤さんの姿から学んだことを忘れることはない。

⑸ 教育組織としての JA 全中

　JA 全中では希望して教育部を担当した。学校の教師か JA 界かと悩んだ末の就職だったからだ。東京・町田市にある JA 全国教育センターは、かつては協同組合の短期大学でもあった。現在は全国の JA 職員が 1 年間学ぶ「JA 経営マスターコース」の学び舎だ。塾長は作家の童門冬二氏がスタート時の1999年度から務めておられる。職員育成に熱心な全国の優れた JA が人材を派遣してくる。近年は女性も複数名派遣されるようになった。毎年30名前後の30歳代の JA 職員が家族と離れて寄宿舎に起居して学ぶ。OB から JA 役員を輩出する時代となっている。

　マスター生の勉強は、全国の仲間との交流、農協監査士試験の受験、JA 版の経営ビジネススクール学習、フィールドワーク、1 年を総括する「修了論文」の作成などで、「教育訓練」の内容は多岐にわたる。この 6 年間のマスター生の数は、14期30名（女性 5 名）、15期35名（3 名）、16期35名（3 名）、17期33名（1 名）、18期25名（0 名）そして2017年度の19期27名（1 名）と減少していることが気になる。JA 改革論議で JA 全中の教育機関としての役割が後退することを危惧している。どのような時代にあっても、広い視野と見識をもった協同組合指導者を育成していくことが JA 全中の役割であることを強調したい。

　担当した平成25年度の第15期生のマスター修了論文も、講義で学んだ分析手法をもとに、自らの JA の改革・改善策について提言している。たとえば JA の総合事業の強み発揮、女性職員の登用策、JA の社会貢献具体策、渉外体制の改善、支店拠点化のための強化策、オラが農協再生論、多様な CS・ES の提案、新 TAC 提言など多彩だ。マスター生の論文は、全体に協同組合らしい職場のつながりを大切にして、仕事を通じていかに組合員や地域住民に満足、感動してもらうかという点で共通している。ここでは JA 改革の方法論が不断のテーマとして講義されている。

　2016年 8 月に JA 全中主催の全国機関職員向けの中核人材育成研修会で、入会10年前後の職員14名に講義する機会があった。6 月で協同組合をリタイアした OB として個人的な協同組合体験を語った。本稿がその内容である。30年前の私ともいえる受講生に、教師にはならなかったが

協同組合でヒューマンな生き方はできたと思うと伝えた。

7. 日本共済協会と協同組合の心

(1) 協同組合間協同のセンター

　JC 総研と日本共済協会（以下「協会」）は、協同組合間協同をめざす日本でも有数の組織だ。協会は多様な産業を支える協同組合が実施する共済事業の横の連携を進めている。入口は「共済」だが、中に入ると協同組合間の連携が緊密に張り巡らされている（詳しくは協会 Web サイト http://www.jcia.or.jp/ を参照）。協会には労働者・消費者・大学生の生協、漁協、農協、中小企業者などを母体とする、全労済・コープ共済連・大学生協共済連、JF 共水連、JA 共済連、さらには全自共・日火連（118〜119頁「協同組合トップのインタビュー抄」を参照）など根拠法が異なる共済団体が加盟しており、30名の職員もこれらの団体から出向している。日本の協同組合共済の組合員は7,600万人、契約件数は 1 億5,000万件という規模。東日本大震災では 1 兆2,400億円超の共済金が支払われた。ICA の協同組合原則にある「協同組合間協同」は50年前にできたが、協会は1992年の設立から共済事業としてこれに取り組み25年が経過した。

　さて、協会のようなセンターに身をおいて思うのは、日本の協同組合運動は、海外からの評価ほどには成熟していないということだ。とくに各協同組合の全国連合会の段階で横の連携が不十分だと思う。何をもって連携十分といえるのかも見えない。根拠法が異なり、「統一協同組合法」がないことも一つの理由かもしれない。

　そのようななか、平成時代は協同組合の危機がとくに JA グループに露わになった。長く続いた自民党、農水省、JA グループの三位一体の依存関係が少しずつ崩れ始め、今、崩壊の様が目視できるようになった。TPP と農協法の論議を巡る政府・規制改革推進会議やマスコミの JA グループ攻撃は尋常ではなかった。これは、協同組合全体の今後についての伏線ともなる。改めて日本の協同組合の到達点と未来を考える必要がある。協同組合原則にある「自治・自立」「教育訓練」「地域への関わり」などをキーワードにして、「協同組合間協同」を具体化していくときだ

と思う。2年弱の協会経験だったが、異なる協同組合間の協同と連携の具体的モデルの一つを確認したと思う。

(2) 平時・有事の多様な連携を進める

　JC総研は、平時の「地域と職域」を守る県レベルの多様な協同組合が「連携協議会」を設けていると報告している。阪神淡路大震災、東日本大震災そして熊本地震などで地域や職域が危機的有事を迎えたときに、平時の「連携協議会」の協同活動がすぐれた取組みを生み出している。JAグループでもJA全国女性協の大川原けい子会長は東日本大震災をふり返って、「女性部の日々の活動はみんなで協力し勉強して活き活きと生きていく場だが、大震災のときには平時の生き方をしていたみなさんが一気に有事の活動を始めた」「女性部の平時の多様な活動は、有事の「訓練」でした」と語っている。福島の現場体験から生まれた深い言葉だ。これを進めて協同組合と他の協同組合間のシステムとして有事を想定して連携できれば、「地域と職域」の平時もさらに整っていくのではないか。多様なリスクにさらされた時代なので、生活のリスクに備える協同組合共済の陣営が「平時と有事」をつなぐ呼びかけをしていくことが、新たな役割だと思う。それが人々の協働につながると思う。

　原発被害で埼玉県に避難してきた福島県のみなさんを、さいたまコープとJA埼玉県中央会など多様な組織がそれぞれの仲間に呼びかけて協同組合間連携で支援した話をコープ共済連の佐藤利昭理事長から聞いた。各地では当然のように行われていることでもあると。さらには協同組合と自治体、警察・消防、社会福祉協議会、病院、学校、メディアなどとの平時からの連携が有事には機能する。コミュニティーづくりの一環として、これらの間で、さまざまな形の平時・有事の協定や締結が急速に進んでいることは、新聞報道等で日々接している。JC総研も日本共済協会も多様な連携の呼びかけ人になろうとしている。

(3) 協同組合の心を求めて

　協会では熊本地震が発生した2016年4月に『協同組合の心を求めて』という協同組合の役職員向け学習書を発行した。協会ができてからの月

刊誌『共済と保険』の巻頭言から課題をつなぎ、新たな展開の橋渡しになる論考142篇を選んだ。60名近い学者・研究者・実務家の方々の文章は、混迷する平成時代の協同組合、共済・保険、社会経済等の諸課題に対してそれぞれ的確な論評をしている。

　監修者の関英昭青学大名誉教授は会社法や協同組合法が専門で、2015年8月の参院農水委員会で農協法改正について参考人として発言をされた。本書の序文などでも、資本主義や会社制度が悪いと決めつけることはできないが、法律では資本の暴走を食い止める手段や装置はないという。株式会社は意思決定の根拠を資本におき、株主への配当という最終目的のために暴走しがちになるが、協同組合は理念や原則をもち「人」に基礎をおき、危険性に走った時はチェックできる仕組みをもっている。協同組合原則を担保する最後の砦は「人」だと指摘された。さらに、協同組合が株式会社の方向に引きずられていくとの危惧をもち、それでもその中に協同組合の理念や原則を持ち込んでいくしたたかさも必要だという。

　本書によって、ソ連の崩壊後に世界や日本で起きている社会・経済、あるいは政治の変動について、協同組合の視点で理解することができる。もちろん、役割と目的の異なる日本の保険と共済の存在意義と切磋琢磨についても学ぶことができる。なお、『協同組合の心を求めて』に収録された論考の次の一節は、本書の意図を簡潔に記述している。

　資本は人を捨て、地域を捨て、国を捨てる。これに対して協同組合は、けっして人を捨てず、地域を捨てない。人々の生活圏である地域社会こそ協同組合の活動の場であるからだ。活動基盤である地域を発展させることによってこそ協同組合も発展しうる。地域の活性のために活動するとなれば、協同組合間協同をいやでも進めざるを得ない。そして、協同を進めるためには、協同の前提として組織の自立を進めざるを得ない。

8. おわりに

働く環境も悪化し、正規・非正規雇用を問わず人を使い捨てにするような働き方やブラックな企業が増えている。そんななか、日本の多様な協同組合組織にはそのようなものではないモデルが求められている。儲けさえすればいい、というのは協同組合の本旨ではない。JA全中は教育組織としての拠点でもある。現在、協同を担う職員たちが仕事での成功体験や学びの機会を通じて成長する「仕事で人が育つ経営」への転換を進めている。全国のJAの経営方針にも取り入れられつつある。JA改革論議の渦中にあっても、協同組合の原則に抵触するような競争主義を強いられても本旨を失ってはいけない。

この1年、協会の会員団体である先述の協同組合トップのインタビューを行い、月刊誌『共済と保険』に掲載したが、8団体トップ（役職は掲載当時）の印象に残る言葉を紹介したい。実に味わいのある言葉だと思う。

【協同組合トップのインタビュー抄】

工業製品の多くは、うまくいかなければ作り直したり、短い期間で複数回試したりすることができます。しかし、農業や酪農はそういうことはできません。農業生産が2倍や3倍になるという話は簡単にできません。20歳でコメ作りをして60歳の人は、実際に作ったのは40回だけ。天候に左右されるから思うようにできたのは数回かもしれません。今の社会は、体験から学ぶことが難しくなっています。

（JA共済連・市村幸太郎会長）

資本主義は感情を捨象して機械的に行動していくと間違いのない成果が生まれるという徹底的に無機質化した、優れた制度です。しかし、社会は精巧な機械とそれを操る優れた人たちがすべてではないでしょう。他に何かが必要であり、そこに協同組合の生きる道があります。私たち共済は、機械としてみても負けない効率性をもち、有機的、人間的な部分を組織の精神とするものです。人類の選択肢の中

に協同組合のカードを残したい。　（大学生協共済連・濱田康行会長）

自動車共済で中小企業者のみなさんを支えて40年の全国自動車共済協同組合連合会（全自共）です。私は若いとき戦争に行きました。激戦地から生き延びて日本に帰れたわけは、私にもよくわかりません。「軍隊は運隊」ですから。その中で「生きて親兄弟のもとへ帰りたい」という思いは強かったです。といいますか、家族への思いが生きることへの意欲を失わせなかったと思っています。平和の中で、助け合い譲り合って思いやりをもつこと、これは共済事業にもいえます。共済は平和でないと成り立ちません。

（全自共・石橋友之祐会長。94歳）

3・11では、悲しいことばかりでした。東京は宮城県、千葉は岩手県、埼玉は福島県の応援をしました。1,400人の双葉町の方が埼玉に避難されました。JAや県生協連の女性協議会の協力、地元の婦人会、社協、NPO、パルシステムや医療生協、埼玉大学の学生など、20を超える組織の協力により支援しました。以前から事業面で協同組合間協同を行っていたことやさまざまな団体とネットワークを作っていたこと、行政との20年近い会話で理解と応援が得られたことがあります。　　　　　　　　　　（コープ共済連・佐藤利昭理事長）

3・11の津波で被害を受けた岩手県久慈漁協の組合長から、船がほしいとの話を直接聞きました。私は涙が出てきて、1日も早く船を届けて久慈の仲間を助けたいと思いました。函館の漁協連絡会も同じで、漁協職員が浜を歩き228隻もの船が集まりました。船を積んだサルベージ船が6月5日に久慈に着いたときに、みんなが涙して喜んでくれました。これが漁師の助け合いの心、協同の力だと思いました。　　　　　　　　　　　　（JF共水連・鎌田光夫会長）

パナソニックで品質管理の仕事をしていたとき、モノづくりの現場で、大きな電動ドライバーでビスを何本も止める作業を正確に速く芸術的にきれいにやっている女性の先輩がいました。その人は最後にビスとは無関係のリード線をちょっとかける作業をしていました。聞くと「次の工程はお客様」、「お客様第一というけれど、私にとってのお客様は次工程の人です」と言われてしまいました。次の工程のためにセッティングしてあげていたのです。そういう商品がお客様のもとに届くということです。　　　　（全労済・中世古廣司理事長）

全日本火災共済協同組合連合会（日火連）は、中小企業者のための共済団体です。経営者として滋賀県東近江で事業を60年やってきました。人生の最大の財産は「人脈」、固い信用で築かれている人脈です。5年をめどに新しい仕事にシフトしてきました。努力は人一倍してきましたが、私の力は微々たるものです。応援してくれる人、やはり人脈のお陰です。かつての恩人から、「困っている人の面倒をみなさい。それが私への恩返し」と言われました。この言葉をずっと守っています。　　　　　　　　　（日火連・川瀬重雄会長）

日本の労組は、個別の企業別労組、産業別労組、すべての労組が集まるナショナルセンターなど多岐にわたります。私は労組の専従を40年してきました。専従は組合員をお世話する立場です。団体交渉、合理化対策、労組の組織化、そして選挙活動が仕事です。常日頃から組合員の教育訓練が必要です。協同組合と労働組合は、かなり価値観を共有できる運動体同士だと思います。「One for All、All for One」も同じです。どちらも「人」なのです。協同組合がやっている運動は、労働組合のテーマでもあります。　　　（全労済協会・髙木剛理事長）

　最後に、私を教育訓練してくれモチベーションを与えてくれた先人の、キャッチコピーのようなわかりやすくて忘れられないメッセージを掲げて本稿を終わりとしたい。

【先人からの忘れられないメッセージ】

「多くのことが思いどおりにはなりません、それでも…」

「災害現場では職員たちも被災者の一人です」

「21年間に阪神淡路大震災、東日本大震災、熊本地震が発生しました」

「今は治療というより農作業がいいんです」

「避難するか病院に残るか、職員は自責の念に苦しんでいます」

「彼の言葉は火の魂のようです」

「職員の成長のない成果は、協同組合のやり方ではありません」

「女性にソッポを向かれた協同組合に未来はありません」

「日頃の女性部の活動は、有事の訓練でした」

「私たちは亡くなった人の分を生きています」

「協同組合は事業組織であり、教育組織です」

「人のつながりを事業に高めたものが協同組合共済です」

「有事に備え、平時を整えることです」

「誰かのために涙する、それが協同組合の精神です」

「先人にはお返しできないから後輩に渡す、それが精神のリレーです」

「人類の選択肢に協同組合のカードを残したい」

第7章

農協の「自己改革」をどうすすめるか
―「空中戦」から「地上戦」へ―

松岡　公明

農林漁業団体職員共済組合（農林年金）　理事長

1. 農協の「かたち」と自己改革の「こころ」

　京セラ名誉会長の稲盛和夫氏は、京セラを起業、通信再編を仕掛け、日本航空の再建に手腕を振るった。稲盛氏は、鹿児島県出身らしく「心は西郷、才覚は大久保」として、「若いころには才覚があり、戦略、戦術を組むことが大事だと思うだろうが、そうではない。まず心を整え、そのうえで才覚を発揮しないと仕事はうまくいかない。まずは経営哲学をしっかりつくることが重要だ」と語る。

　今般の農協法改正を受けた JA グループの「自己改革」も、まずは改革の背骨として、経営哲学、協同組合哲学を打ちたてなければならない。それとともに、今般の農協改革論議にみられたような「JA 批判」は、なぜ起きるのかという振り返りや反省から「自己改革」に向けた課題を設定する必要があるだろう。「なぜ、JA 批判は起きるのか？」「なぜ、理解されないのか？」という問題意識から逆算的に考えてみると、おおよそ、次のような農協の弱点・欠点が浮かび上がってくる。

　○協同組合原則の不徹底→参加・民主主義、教育の原則、コンセンサ

ス・ビルディングが弱い

○ビジョン、戦略が弱い（ビジョン、戦略自体には実効性は担保されていない、それを正しく実行するのは現場力）

○言葉の定義力が弱い（「協同組合とは」「総合農協とは何か」の定義力、定義を押さえることで本質が理解される）

○組合員農家との契約概念・ルールが明確でない（食管事業方式の名残り体質）

○系統事業の"縛り"と"結び"の関係（統制型・縛りの関係は生産者・実需の多様性・異質性を排除し、変化を受容できない組織文化をつくりあげ、改革へのダイナミズムを阻害する）

○「理解と納得」の事業利用・組織活動となっていない（説得と「やらされ感」）

○説明責任・情報開示・発信力が弱い（「共同計算」などブラックボックスが多い）

○組織的なクレーム処理となっていない（クレームの繰り返し・再発）

○改革への動機づけ、インセンティブが弱い（安全地帯症候群、リスクテイクしない体質、無難・事なかれ主義）

○PDCAサイクルが弱い（C＝評価とA＝改善が弱いのでスパイラルアップ＝改善向上していかない、前年踏襲型のP、Dとなりやすい）

○競争意識とダイナミズムの欠如（システム間競争のなかで系統を通じた事業競争力強化への視点が弱い）

　司馬遼太郎がいう「この国のかたち」には、「名こそ惜しけれ」という、自律的で自助的な透徹した「無私奉公」の倫理観、武士道精神があった。「協同組合のかたち」にも利他の精神（他者への思いやり）がある。相互扶助の「こころ」が協同組合の「かたち」をつくる。

　トマ・ピケティの『21世紀の資本』で実証されたように、今日の富の大半がわずか1％以下の者たちによって独占され、難民問題や多発するテロなど国境を越えた国際的なリスクの悲劇的な氾濫は、哲学なき新自由主義、人間道徳なき経済至上主義の行き着いた結果といえよう。

　農協の「自己改革」も、協同組合の「こころ」「哲学」のない改革では、結果的に「見せる改革」で終わってしまうだろう。上記のような弱点・欠点を踏まえた課題認識のもと、自己改革の「こころ」「哲学」とすべき「改革のキーワード」は、以下のように整理されるであろう。

①農協のミッション、協同組合原則＝アイデンティティの再確認
②地域密着性（地域農業、地域コミュニティ、地域経済、地域環境）
③総合事業性（営農・経済、信用、共済、生活、医療・福祉、利用等）
④徹底した情報開示、説得型コミュニケーションから双方向コミュニケーションへの転換（「情報は民主主義の通貨」、JAだけで悩まない、組合員と一緒に悩むことで動機づけされる）
⑤教育活動（組合員と共に、組織風土・体質改善に向けた「学習する組織」への転換）
⑥多様性と包摂性（多様性の尊重と器量＝包容力の広さ）
⑦ポジション（立場）からファンクション（機能）へ
⑧システム思考とデザイン力（事業方式の「悪循環」を「見える化」して、アイデアを組み合わせて「良循環」をデザインする）
⑨取扱高至上主義から収益管理・リスク管理主義への転換
⑩残すべき事業機能と見直すべき事業機能の判断（有用性・有効性のある事業機能は何があるか？）

　いま、JAグループのなかには、何か劇的な変化、改革をしないと認めてもらえないのではないかといった「空気」、もしくは「改革」という言葉の「呪縛」にとらわれているような雰囲気がある。

　いまや、政府が農協に目をかけ、助けてくれないことは十分過ぎるほどわかったはずだ。だから「見せる改革」ではなく、組合員、地域農業、地域社会としっかり向き合い、徹底的に寄り添い、組合員と自己改革の実感を共有することが重要である。「農協があってよかったね」と「実感」をもって評価するのは組合員、地域住民、地元市町村である。政府ではない。政府には、法律、数字はあっても、その「実感」がない。「上からの改革」に振り回されていては、歓迎するのはアメリカのグローバル

企業ということになりかねない。現在、全国の郵便局でアフラックのがん保険が取り扱われているが、総合農協の解体、株式会社化の流れは郵政民営化の「二の舞」の危険性を孕んでいる。

　大事なことは、協同組合としての総合農協の「価値の共有」である。価値の共有について、哲学者の内山節氏は、「それはみんなが同じ価値を保有する、ということではなく、価値観の交換によって価値の共有が生まれる」として、「新しい価値を共有する社会をつくろうとするならば、その新しい価値が関係をつくり、交通し、交換される方法をつくりださなければならない」(『ローカリズム原論―新しい共同体をデザインする』農文協)と語る。

　協同組合である農協としては、「JA綱領」の前文にある行動指針、すなわち「自主、自立、参加、民主的運営、公正、連帯等」の価値観の交通、交換の方法を創意工夫し、その価値観で組合員、地域社会と関係が結ばれていくという運動論の構築が必要となってくる。「JA綱領」は、ただ唱和すればいいというものではない。実践、行動を通じた価値観の交通、交換が必要であるが、「このことが参加の意味です」「この事業方式が公正の原則です」という具合に、日常的に価値観を文脈化、ロジックとして語り合う、表現し合う、あるいは問題提起し合う「習慣」が身につくようにしたい。

2.「情報は民主主義の通貨」

　人間でも誤解されやすい人とそうでない人があるように、組織においてもそれは同様であろう。農協は、誤解を受けやすい組織のトップクラス、代表格かもしれない。そのことで、ずいぶんと損をしている面も多い。自己評価と他者評価のギャップ、ズレも大きい。しかし、そのギャップ、ズレの部分にこそ関係改善の余地もあるというものだ。人間でも、心の機微とか愛情も自分が思っているだけでは相手に伝わらない。言葉や態度で表現して伝わることで評価もされる。

　たとえば、「農協の販売手数料は高い」といった批判やクレームが少なくない。共販の共同計算がブラックボックスの場合が多いからである。

オープンに「見える化」することで、運賃や施設利用費、卸・仲卸、小売の手数料（利幅）など物流コスト構造がどうなっていて、そのなかでJA手数料はほんの数％でしかないことなど、丁寧に情報開示すれば、そういう誤解は解けるはずである。それで農家手取り水準も理解されるはずである。「農家手取り以外はほとんど農協が取っている」など、「農協性悪説」も痛くもない腹を探られることもなくなるだろう。そして、総代会資料の財務諸表の営農経済事業部門の赤字とそれぞれ生産部会の共販事業との結びつきも見えるようになるはずである。

　「情報は民主主義の通貨である」（アメリカの社会運動家・ラルフ・ネーダー）。協同組合原則に民主主義があるが、情報開示度が民主主義の成熟度を示す。クレーム対応は人と人のコミュニケーションでもある。情報を開示して、協同組合らしく、どうすれば農家手取りが上がるのか、あるいは生産資材を安くできるのか、そのための協働・協同システムをどのように変えるべきなのか、JAサイドで一人悩むのではなく、問題意識をもって組合員と共に悩みながら知恵を出し合って、新たなルールづくりをすすめていけばいいのである。自分たちの合意形成でつくられたルールには当事者意識が働き、自律的に運用されていく。

　利用者にとって、参加・民主主義による理解と納得がないままの事業利用は「統制」や「強制」に映り、水面下では何らかの不満に似た「やらされ」感が渦巻いている。民主主義の手続きにより、組合員が「参加」し、当事者意識とコスト意識をもって合意形成をして事業利用、組織運営に伴う意思決定を行い、まさに、利用者自らが「根回し」された状態で理解と納得のうえで事業利用する、また、協同することのメリットを実感する、そうした経験の積み重ねが民主主義の「民度」を高めていくことになるだろう。民主主義は教育システムであることを忘れてはならない。

　このように、農協の「自己改革」の基本は、情報開示と参加・民主主義の徹底ということになろう。「組織改革のデザイン」とは、組織の「箱」ではなく、課題・テーマごとのワークショップなど多様な参加と議論の場を設け、理事会や総代会、地区別座談会等を補完する民主的運営のサブシステムを多く準備、用意して、意思決定システムの集合・統合をデ

ザインすることである。

3. 「逆立ちした組織運営」からの転換

「決議すれど実践せず」………これは、JA グループの「組織決定」と「意思決定」の落差問題を表している。組織決定はなされるが、個々のレベルでの意思決定が弱いため、なかなか具体的な行動につながっていかない。「決めること」を優先して、肝心の「決めたことを実行する」ことがおろそかになっている。なぜなのか？　そこには、意思決定までのプロセスに問題がある。本末転倒の問題がある。

この本末転倒の問題にメスを入れた協同組合がある。協同組合の「原点」に忠実に向き合いながら「組織運営のコペルニクス的転換」を図ったコープみやざきである。生協がどんどん成長していくなかで、役職員には、たとえば県民世帯の何割を組織化しよう、事業高を何パーセント伸ばそうという目標を理事会決定して、「理事会決定を降ろす、伝える」ことしか念頭になく、班長会などで出される組合員の意見や要望を組織としてどう受け止めていくかということは真剣に考えていなかった。そうした「逆立ちした組織運営」を反省、見直したのである。

よくよく考えると、組合員は「生協を大きくしたい」とか「生協運動に貢献したい」と思って加入する人はまれであって、多くの人は「自分の暮らしに必要な何かを求めて」加入してくることに改めて気づかされた。そこで、「理事会がして欲しいことを決定し、組合員に伝える」から「組合員が理事会にして欲しいことを受け止め、理事会で検討し、事業執行のなかで具体的に応え、機関紙等でもわかるように知らせていく」というように、それまでのトップダウン型の組織運営を逆転させ、組合員一人ひとりに寄り添い、組合員の要望一つひとつを大切にするボトムアップ型の組織運営に転換した。

「組合員にやってもらいたいことを上から説明し説得する方法」から「組合員の生協に対する意見・要望を徹底的に聴いて組織運営に活かす方法」への転換である。単純な「原点回帰」論ではない。そこには「コペルニクス的転換」とも言うべき意識改革がある。天動説の呪縛から逃れて、

地動説の立場に立ってみると、今まで見えていなかった組合員の実像が
よく見えるようになる。天体の運動が地動説により合理的に簡単に説明
されるように、組合員とのコミュニケーションや組織運営のあり方も、
理事会の議論や職員の仕事の仕方も、マニュアルに依存しない事業のあ
り方もすっきりとして見えてくるようになる。理事会での議論も、「組
合員の暮らしはどうなっているのか」「組合員にとってはどうか」と組
合員目線での議論が中心となっていった。

　コープみやざきでは、役職員が年間4万件に及ぶ組合員からの便り＝
生の声を読んで組織運営に反映させている。「一人ひとり、一つひとつ
の要望」を真剣に受け止め、できることは生協としてチャレンジする、
できないことはその理由を説明する、その反復のなかで組合員の理解と
納得も広がっていく。コープみやざきでは、組合員同士、組合員と生協
の双方向の関係性を「循環構造」と言っている。組合員の「声カード」
など20数種類の多様な交流媒体を通じて、その「循環構造」を強化する
取り組みを展開している。そこでは、組合員の声は体内を流れる血液の
ように循環し、双方に見えるようになっている（詳細は、拙著『現場か
らのJA運動』家の光協会、74〜83頁を参照）。

4．民主主義の再生産

　1992年の「ベーク報告」でも指摘されたように、協同組合の参加、民
主主義について、絶えず再創造され、再発見されるものとして、自覚的
にとらえることが重要である。すなわち民主主義の「再生産」を行って
いく必要がある。「営農基金」「教育基金」などの投資と同様、意識的・
長期的な民主主義への投資が必要である。「民主主義の再生産」を課題
とすれば、農協では参加プロセス、コンセンサス形成に焦点を当てた「自
己改革のリズム」を早期につくることが何よりも重要である。可能な限
り直接民主主義に近い運営方法をめざして、多様な参加の場づくり、実
質的な意思決定プロセスへの参加システムが重要である。

　組合員は顧客ではない。当事者である。合意形成に名を借りた「説得」
では、多くは失敗する、歴史的にも実際失敗してきたというべきであろ

う。意思決定で重要なことは「決める」ことではなく、決めたことを確実に実行し、成果をあげていくこと、所期の目的を達成することである。意思決定は実行されてはじめて、本物の意思決定になる。

　主権者である組合員の運営参画を強化していくためには、運営に関わるための「制度」を多元化することである。総代会、地区別座談会といったメインシステムに対して、それを補完するサブシステムを多く準備・用意すること、つまり多様な参加の「場」を構築することである。多様な組合員の意思反映のあり方としては、生産部会、各種組合員組織、支店ふれあい委員会などにおけるワークショップ方式による議論を重視し、その議論内容を理事会までつなぎ、理事会のもと「自己改革」にかかる事業別、課題・テーマ別の各種委員会を設置して具体策をまとめ、さらに理事会で意思決定していくというキャッチボールとプロセスの「見える化」をすすめていかなければならない。

　特に、組合員との双方向コミュニケーションや議論では、農協サイドの「合理性」に焦点を当てるのではなく、感情や心理を含めて「納得性」にも焦点を当てる必要がある。「アタマ」ばかりでなく「ハラ」にも落ちたという「納得性」が重要である。農協運営における「合理性」と「納得性」、その相互理解と承認の反復が信頼関係をつくる。組織合意は「急がば回れ」。参加の場づくりから議論の仕方、そのまとめ方まで含めた意思決定の「品質」の向上が、当事者意識、自発的実行度、関係性の維持につながる。意思決定を農協サイドの「私案」にすることなく、組合員の意思反映に基づく「公案」にしていかなければならない。仮に結果として「私案」通りの組織合意となったとしても、「公案」としていく丁寧なプロセスがあるか、ないかでは大きな違いがある。また、そのプロセスがあれば、「自己改革」のブレークスルーやイノベーションが起きる可能性が断然高い。

　「アクティブ・メンバーシップ」とは、そうした参加・民主主義を経験しながら「自覚ある組合員」「自覚ある協同組合人」となることであり、本来的、本質的にはその意味で理解されるべきである。准組合員問題として議論されるのは間違いで、ミスリードの議論といわなければならな

い。参加・民主主義、教育の原則のないメンバーシップ論を続ける限り、組合員を「顧客」とみなすという「誤り」を是正できない。組合員をサービスの受動的な受け手にしてしまい、短期的にしか協同組合の意義を示せなくなる。そして「生産資材が高い、安い」といった経済的な損益関係に終始するという悪循環の延長線上で、「組合員対農協」の構図を引きずるだけである。「農協のかたち」を参加・民主主義、教育のストーリーで語ることが「自己改革」の出発点である。

5．クレーム対応を「自己改革」に活かす

　農協改革論議が始まって以降、今般の農協法改正を受けて「自己改革」が声高に叫ばれているが、現場ではスローガンだけが伝わっているようにしか見えない。自己改革が「方針状態」、スローガン化しているよう見える。どこから、どのように手を付けていけばいいのか、どうすれば「改革」になるのか、よく理解されないまま、農協法改正と「自己改革」の真意が伝わっていないようだ。現場の職員に聞いてみると、「上から言われているのでなんとなく……」といった声さえも聞かれる。押し付けられた改革と自分でやると決めた改革は、自ずと違ってくる。

　「自己改革」が「空振り」に終わらないようにするには、大上段に構えた「自己改革」より、日常的な組合員からのクレーム対応・処理を通じた「自己改革」が現場主義の立場からも分りやすく、取りつきやすいのではないか。組合員と向き合う、組合員に寄り添う「自己改革」としなければならない。

　その意味で、農協を利用している組合員の「生の声」であるクレームによる「直接話法」が望ましい。農協を利用していない、あるいは利用したことのない人物の批判は「間接話法」で誇張やバイアスがかかっていたりするものだ。クレームは「宝の山」ともいわれる。改革のアイデアやヒントは組合員の声のなかにこそある。組合員の声は、各種アンケートの結果より数段、クレームの方がリアルで切実、訴求力がある。

　クレーム対応・処理による小さな「改善」の積み重ねをファイリングしながら、トータルとしての「自己改革」をデザインしていかなければ

ならない。知的発想法の古典として知られる『アイデアのつくり方』(阪急コミュニケーションズ) の著者ジェームズ・W・ヤングは、イノベーションのネタとなるアイデアは「既存の要素の新しい組み合わせ」から生まれ、「既存の要素を新しい組み合わせに導く才能は、物事の関連性を見つけ出す才能に依存する」と指摘している。

クレーム対応・処理で出されたアイデアを業務改善、組織運営に生かしていくデザイン思考が重要である。課題の単なる「問題解決」でなく、問いも答えも複数ある「デザイン力」への発想の転換、問題の立て方そのもの (仮説設定) を問い直していく作業が「自己改革」につながっていくのではないか。従来型の農業モデル、JA 事業方式に組み込まれている因果関係の悪循環を発見し、ブラックボックス的性格を「見える化」する。そしてクレーム対応・処理のアイデアを組み合わせて悪循環を良循環にするために因果関係にメスを入れて「手術」していく、あるいはアイデアをサブシステムとして組み合わせて補完し、「良循環」を新たに創造、駆動させていくところに「自己改革」の到達点も見えてくるのではないか。

クレームを組合員の農協に対する期待や思いとしてポジティブに受け止め、参加・民主主義という協同組合方式で解決していくこと、さらにそれを系統で共有しながら、JA グループ全体の改革スキームとしていくことが求められる。特に、営農経済事業改革では、次の①〜⑥までの「連立方程式」をデザイン思考で解いていくことになる。

①農家手取りを上げる
②JA の手数料を確保する (経済事業の収支構造の転換)
③新たな産地づくりをする(主食用需要米の減少に対応した水田農業再編、業務用野菜の産地化、生産調整見直しなど「30年問題」対策)
④JA と担い手の関係を改善、進化させる
⑤契約概念に基づく、生産者、販売取引先との信頼関係を強化する
⑥地域ブランド化、6次化等により地域を活性化する (雇用機会の創出)

6．クレームは「宝の山」「氷山の一角」

　協同組合における参加・民主的運営の原則を、組合員の立場で考えると、その結果が意味するところの到達点は具体的にどのような「状態」をさすのだろうか。それは、農協の事業・活動について、「理解」と「納得」のうえで利用・参加している状態のことを言うのではなかろうか。つまり、参加型の民主的な運営・手続きをとったとしても、その本人が理解し、納得していなければ、満足度も低く、受身型になってしまう。というより、組合員から多くのクレームが出されているのが多くの実態である。クレームは組合員の「不満足」から発生する。不満足は、不安、不快、不信、不透明、不公平、不備、不便の7要素からなる。組合員からのクレームは、それらの「不満足」を回復させたいという思いから出されるものである。

　クレームは「宝の山」ともいわれる。クレームはお客様の声＝市場シグナルであり、ポジティブ思考的には、商品開発、業務改善のアイディア・ヒントの宝庫というわけである。クレーム対応・処理の事例で有名な花王グループは、消費者相談センターの「ニュー・エコー・システム」（クレームや問い合わせを50項目に分類、1日150件、年間5万件、研究所、商品開発・企画部門、営業・販売部門などがオールアクセス、検索可能なシステム）を通じて、お客様からのクレームを「宝の山」として社内横断的に共有化し、商品開発、業務改善に積極的に活かしている。ヒット商品を継続して打ち出す背景には、長年のクレーム処理の蓄積がある。

　また、クレームは「氷山の一角」といわれる。労災事故で有名な「ハインリッヒの法則」では、1件の重大な事故・災害の背景には、29件の軽微な事故・災害と、300件の無傷の災害（ヒヤリ、ハットの事例）があるといわれる。クレームは表に出されたものであるが、水面下では表に出ないクレーム（＝サイレントな不満層）がある。クレームを隠しても、同じようなクレームは何度も発生する。クレーム対応を業務改善に活かし、2次クレーム化を予防することは、組織にとってのリスクマネジメントにも通じる。

全米レストラン協会の統計調査によれば、店のサービス、商品、店内の清潔さなどに不満を持ったお客のうち96％の人は直接クレームを言わず、二度と来店しないという結果が出ている。また、不満を抱いたお客は店の悪口を10人の人に話すという。つまり、自店に来店していない人までが店から遠ざかっていくことになる。クレームを申し立てるのは、不満を感じたお客のうち、たった４％程度、その人たちは店にとって大切なアドバイスを提供してくれたありがたいお客様である。店の問題が大きくなる前に改善できるチャンスを与えてくれたお客様である。

　顧客満足論で有名な「グッドマンの法則」では、次の３点が指摘されている。

〈第１法則〉
　「不満を持った顧客のうち、苦情を申し立て、その解決に満足した顧客の当該商品サービスの再購入決定率は、不満を持ちながら苦情を申し立てない顧客のそれに比べて高い」

〈第２法則〉
　「苦情処理（対応）に不満を抱いた顧客の非好意的（ネガティブ）な口コミは、満足した顧客の好意的な口コミに対して、二倍も強く影響を与える」

〈第３法則〉
　「企業の行う消費者教育によって、その企業に対する消費者の信頼度が高まり、好意的な口コミの波及効果が期待されるばかりか、商品購入意図が高まり、かつ市場拡大に貢献する」

　以上の三つの法則からいえることは、①お客様は不満を感じても、ほとんどは苦情を申し立てない、②不満を申し立てたお客様の苦情に迅速に対応、解決することができるとリピーターになる、③好意的な口コミは広がらないが、非好意的な口コミ（いわゆる「悪口」）は２倍以上の人に伝えられる（現在では、インターネットの普及により、あっという間に何万人にも伝わってしまうことになる）、④企業の真摯な情報提供は、消費者と企業の信頼関係を築く、ということである。

　②については、クレームの申し立てが、逆に納得してリピーターとなった顧客は好意的な口コミを伝える「伝道師」になる。③については、「悪口」を言って回る「テロリスト」である。クレーム対応如何によって、農協として、伝道師を増やすのか、テロリストを増やすのかの分岐点に立たされるのである。④については、本屋さんの店員による感想、内容紹介などのポップやスーパーマーケットの調理レシピのパンフレットにしても、小さいことながらも事例に挙がるだろう。

7.　クレームと参加・民主主義

　JAの組織運営、事業にクレームはつきものである。すべてのクレームとはいわないが、クレームのなかにこそ、組織運営、事業の本質的な問題意識、問題提起も含まれているものだ。大げさな言い方かもしれないが、クレームの数だけ、組織・事業改革のヒントが隠されているというぐらいの心構えで対応すべきであろう。

　クレームはすべて正しいものでもない。組合員サイドの誤解に基づくものや権利の主張のみの一方通行の場合もあるかもしれない。それはそれとして、誤解を解いたり、受益と負担の関係、コスト意識、権利とは反対の義務の重要性について理解してもらう機会にすればよい。誤解が解けて理解がすすめば、これまた「一歩前進」と考えればよいのである。

　問題意識の高いクレームについては敢えてオープンにし、「こういうクレームが出されましたが、みなさん、どう考えますか、どう対処しましょうか」といった議論の場を設けてみたら、逆に、事業・活動の改善のアイデアがどんどん出てくるかもしれない。「かもしれない」ではなく、そういうアイデアが出てくるような議論の仕方こそ工夫すべきである。

　下手な紋切り型のアンケート調査では抽象的なニーズしか見出せないが、クレームは具体的であるからこそ具体的なアイデアも導かれるというものである。しかも、アンケート調査はコストと手間もかかるが、クレームは、利用者からタダでアイデアをもらえるのである。

　組織・事業に関するクレームの意味するところは、より具体的な問題意識の共有化を通じて、個人的な発想から組織的な発想に議論を転換で

きる点にある。単に、資材が高い、安いという議論でなく、原価コスト、手数料水準、販売価格、反当り所得、ひいては生産部会運営のあり方まで議論が拡大し、組合員としての自覚を促しつつ、地域農業全体とJAとの関係性も見えてくるような議論の仕方、話し合いのすすめ方が望ましい。参加は、情報開示と説明責任が前提である。言い訳部屋、アリバイづくりの形式的、儀式・儀礼的な〇〇委員会の運営では、JAも組合員も成長しないことを肝に銘ずるべきである。

　組合員の多様化、大型合併がすすむなかで、参加システムの内実を高めていくことがむずかしくなっているが、「クレーム」を組合員の意見・意思表明として受けとめ、参加システムの一環として積極的に位置づけ、組織・事業運営に反映させていくという「手法」も合理性があるだろう。

　「意見を言っても何も変わらない。ムダなだけだ。あきらめた」という組合員の声なき声、サイレント・マジョリティに応えるべく、参加・民主的運営の原則の意義を痛感しなければならない。協同組合における参加・民主的運営の意義を「理解」と「納得」のプロセスという視点で考え、クレーム対応・処理の発想による事業・活動の改革、「品質改善」に繋いでいく、相手が理解し、納得するまでそれを繰り返していく、その積み重ねが自覚ある組合員や職員を育て、事業・活動への求心力と組合への信頼を高めていくという好循環を形成したい。文句も言う、注文もつける、厳しい意見も言う、そういう問題意識やモチベーションの高い、自覚ある組合員が、強い組織をつくっていくのである。

8．協同組合らしい事業改革とは何か

〈事例その１〉

　群馬県のJA甘楽富岡は、「農家手取り最優先」の原則とマーケティング戦略に基づく「営農の復権」で有名である。養蚕とこんにゃくの輸入自由化の波で壊滅的打撃を受けたが、周年少量多品目の総合的な産地として見事に蘇った。この実践事例には協同組合の精神と原則に忠実な組織運営を尊重したオペレーション、参加型組織運営に基づく事業改革が実践されている。平等主義から「公平原則」への転換と情報開示によ

る参加・民主的運営による購買・施設利用事業が実践されている。

　具体的には、購買事業では、各種生産部会の代表者から構成される「購買取引委員会」が設置されている。この委員会は、自らのコスト意識を高め、一括予約購買・農家自家取り方式の「共同購入」システムのメリットを追求する仕組みで、自分たちで、自分たちの生産資材調達のあり方を自ら考える場となっている。

　一般的に、農協の資材は高いといわれているが、原価など情報開示することによって、なぜこの価格なのか、配送等の人件費や在庫倉庫の減価償却費など管理コストがどのくらいかかっているのか、予約とスポット（当用）の原価計算について説明、理解してもらい、掛かり増しコストについては各自負担という考え方である。組織合意は取引ルールとして決められ、組合員はルールに基づいて行動する。

　また、生産資材の品目別に２人のモニター委員を配置して、モニタリングもしっかりされている。JA以外の商系資材店で現金で買ってきてもらい領収書を提出してもらう。JAの供給価格と５％以上の差が出た場合、全農県本部も入れて競争入札をするという仕組みをとっている。単なる市況対策、値引き、価格引下げではなく、どうすれば安くなるか、それを協同活動として考えるプロセスがある。

　そのなかでは、生産者の意識改革、行動変容を伴った協同事業・業務プロセスの再構築が可能となる。直売所、インショップ、総合予約相対販売など五つの販売チャネル毎の生産者の組織化、農家手取り水準が見えるマーケティング戦略と品目別生産予約方式が確立されている。毎年11月までに生産面積予約と同時になされる資材の一括予約購買方式が生産・販売・購買一体の事業システムとして有効に働いている。農協もほとんど在庫を持つ必要がなくなった。事業利用にかかる参加システムと教育＝学び合いのプロセスがセットされているので、「理解」と「納得」のうえで事業利用されている。それは、約90％と水準の高いJA利用率が証明している（販売事業は98％）。品目別の生産部会としてまとまることによって、生産資材のコストダウンをしていこうという協同のメリット追及のインセンティブ、モチベーション効果も見逃せない。

また、施設の利用事業の面でも開かれた運営方式をとっている。直販センターの「食菜館」やキノコ流通センター、野菜パッケージセンター等の運営委員会でも、施設の減価償却費、稼働率、運営コストを情報開示して、生産農家利用者と共に問題意識を共有化し、共に考え、共に悩み、利用料を決定している。情報開示と参加・民主的運営を通じて、「理解」と「納得」に基づく主体的な事業利用となっている。

　協同組合原則を教条主義的に語っても、何ら意味がない。これらJA甘楽富岡の取り組みを参加システムと民主的運営システムによる営農経済事業改革と位置づければ、協同組合原則が単なるお題目でなく、現実に機能させるべき実践論として重要であることがわかるであろう。

〈事例その２〉

　山形や佐賀県などの自主運営方式によるカントリー・エレベーター（CE）には利用率の高さが見られる。水稲、麦の作付け、転作対応のブロックローテーションなど、利用組合員の合意形成のもと組織統一的な取り組みがなされることによって施設の稼働率も高まり、その結集力によってコストダウンが図られ、利用料金も安くなっている。自分たちの施設運営・経営に対する当事者意識が必然的に醸成されて、管理コスト、稼働率など経営問題が自らの問題意識、責任意識となる。施設利用に関する「文句」は自分にはね返ってくる。極端な話、組合員が無駄な電気を消して回るという。

　一方、JA運営方式の場合であれば、「お任せ主義」で、稼働率が低下しようが、赤字になろうが関係ない、あるいは自分の都合優先で、転作対応における地域的なまとまりに非協力的であるというように、自分には直接関係ないという無関心や無責任（意識）が発生しやすい。施設利用の文句はJAに向けられたままだが、しかし、結果として、加工料などの引き上げで、自分にもはね返ってくることになる。いわゆる「天ツバ」である。

〈事例その3〉

　九州のある JA では、葬祭センターの建設にあたり、建設委員会を設置したが、女性の意見を反映させようと委員会の副委員長に女性部の代表をあてた。実際の葬式で裏方的実務を担当するのは女性たちだからである。その女性副委員長は、仲間の女性部員の意見を求めた。「こういう給湯設備が使いやすい」「控えの間は、遺族家族の立場からすれば、こういう間取りのほうが便利がいいんじゃない」「お年寄りは足が悪い人が多いのでイスを多くしたほうがいい」など、男性では気づかないような細かい点まで含めて色々な要望・意見が出された。

　当初の設計図がそれらの意見要望を踏まえて見直しされた。そして、開所式には、「このセンターは私たちの意見で建設したもの」と多くの女性部員が集まった。そして、「私たちの施設だから」と女性部員同士で利用を呼びかけ、オープン1年目にして計画を大きく上回る利用実績となった。理事会、総代会の決定を大義名分にして、JA サイドで一方通行的に施設建設をすすめてもこうはいかない。設計図段階から、利用者たる組合員を「事前参加」させておかないと高い利用率は実現しない。

9.「空中戦」から「地上戦」へ

　今般の農協改革にみられるように、メディアの劣化も手伝って、官邸主導型の「改革の大合唱」のなかで、協同組合に対する無知と無理解、無視に基づく規制改革の「一方通行」がなし崩し的にすすめられたことは協同組合運動に対する「攻撃」であることは間違いないが、しかし、それは協同組合陣営にとっては、恥ずべき歴史的な大きな「汚点」でもある。日本における協同組合に対するリテラシーの低さに改めて虚しさを感じると同時に、研究者も含めた協同組合関係者の教育・広報活動等の努力不足も猛省する必要がある。

　協同組合に対する社会的な認知度、理解度、リテラシーの低さを嘆いていても仕方ない。誤解や無理解を相手の所為にばかりはできない。誤解や理解不足を招いた原因は当方サイドにもあるはずだ。

　新自由主義やグローバリゼーションは、国民経済や民主主義の領域を

切り崩していく。そして、その動きは中間的な共同体や組織などを排除していく動きとなっていく。レイドロー報告を持ち出すまでもなく、新自由主義的構造改革がいよいよ協同組合セクターにも持ち込まれる時代だからこそ、協同組合自らのアイデンティティの確立が何よりも問われているのである。そして「攻撃」に対する「反論」だけでなく、社会的な理解と納得が得られるような協同組合運動の実践、行動が問われているのである。そのアイデンティティは、「空中戦」ではなく「地上戦」としてのものでなければならない。

協同組合も時代の変化に対応して不断の自己改革を行っていくことは言うまでもない。その改革は自治組織として組合員、役職員の自らの意思と合意に基づいて解決していくものである。改革の主人公はあくまで協同組合自身である。TPP、米政策の混迷など政権・政策リスクに振り回される組合員農家のためにも、また、地域に農協がなければ地域社会も地域経済も「回わっていかない」といって農協運動に結集している組合員のためにも、「上からの農協改革」に跪くわけにはいかない。

ヨットの世界では、「風向きを変えることはできないが、帆の向きは変えることができる。だから、セーリングも可能となる」という言葉がある。官邸主導型の改革の嵐のなか、「空中戦」から「地上戦」に帆の向きを変え、個々の役職員が、協同力、総合事業力、地域密着力をキーワードにしながら「自己改革」を前進させなければならない。

フランス革命や明治維新も、国民すべてが参加して革命ができたわけではなかった。国民の１割程度の「自覚」ある人たちによって革命が起きたのである。農協の「自己改革」も、改革の方向を向いている「自覚」ある組合員、問題意識の高い役職員から始まるのではないか。ワークショップのファッシリテーター（進行役）が触媒の役割を果たすように、「自己改革」も自覚ある「進行役」が触媒となり、化学反応が引き起こされる。農協の「自己改革」は地域農業、地域コミュニティの活性化という「化学反応」を目的としていることも忘れてはならない。

農協改革の「ビフォア・アフター」が見える、分かる、実感できる、そして、農協運動に新たな「表情」と「体温」を与え続けていけるどう

か、「自己改革」の正念場である。

10.　協同組合のアイデンティティとケイパビリティ

『*government of the people, by the people, for the people, shall not perish from the earth.*』

　アメリカのリンカーン大統領が1863年にゲティスバーグで行った演説における「人民の、人民による、人民のため政治」という言葉は、民主主義の基本、体現としてあまりにも有名である。

　マッカーサーはGHQ憲法草案前文にリンカーンの言葉を織り込んだ。of the people の of の訳については、単純な「〜の」ではなく、日本国憲法の前文にあるように、「国政は、国民の厳粛な信託によるものであって、その権威は国民に由来し、その権力は国民の代表者がこれを行使し、その福利は国民がこれを享受する」という意味において、「政治の権限は人民自身に由来する」という、どちらかといえば日本語的にはfrom的な意味合いで解釈すべきとする論もあるようだ。of が由来、起源をあらわすとすれば、国民自らが国政をつくりあげるという独立宣言の思想とも連なる。国会の数を頼んでやりたい放題、国民の信託の重さがわかっていない為政者に肝に銘じてもらいたい憲法の前文である。ちなみに、決して民主主義国家とは思えない、かの中国では、この演説の訳は「民有、民治、民亨的政府」。いっそ、こちらがわかりやすいか？

　しかし、一般的に、この演説の shall 以下の後半部分の「地上から消滅させてはならない」という件はあまり語られない。「地上から消滅させてはならない」といえば、2016年11月30日、ユネスコは、「共通の利益の実現のために協同組合を組織するという思想と実践」について無形文化遺産への登録を決定した。19世紀にイギリスやドイツで生まれた協同組合の思想と実践は、全世界に広まり、現在、100か国以上で約10億人、日本においては6,500万の組合員が協同組合に参加している。世界では、協同組合の憲法規定を有する国が51か国に及ぶ。日本でも、農林漁業協同組合、生活協同組合、労働者協同組合などそれぞれにおいて多様な事業・活動を展開、社会問題の解決、地域社会の発展に貢献している。

「無形文化遺産」は、「世代から世代へと伝承され、社会及び集団が自己の環境、自然との相互作用及び歴史に対して絶えず再現し、かつ、当該社会及び集団に同一性及び継続性の認識を与えることにより、文化の多様性及び人類の創造性に対する尊重を助長するもの」とされる。まさに、協同組合の思想と実践は、人類の財産であり、その存在の普遍的意義について国際社会が評価したのである。

　しかしながら、日本での評価は芳しくない。2013年に登録された「和食」の場合は、マスコミも挙って取り上げ、大きな話題となったのに…。特に、昨今の執拗な農協バッシングにみられるように、政府やマスコミの協同組合に対する無知、無理解、さらには無視はとどまるところを知らない。経済成長戦略にとっては株式会社企業こそが有利であって、協同組合はむしろ足枷というか、邪魔な存在としてみなされているかのようだ。そういえば、2012年の「国際協同組合年」の時も政府は冷淡であった。世界の協同組合運動への共感や評価に対して、まったくもって真逆の動きである。

　「私助」「公助」の限界と課題が明らかになるなかで、福祉・子育て・教育・雇用・防災・環境・再生可能エネルギー問題などを切り口にした「共助」「協同・協働」「住民自治」による地域づくりの総合的なデザインが課題となっている。また、ピケティ法則による富の蓄積と集中、格差と不平等、差別と分断がすすむ社会にあって、経済的民主主義、ひいては経済的公正をいかに実現していくかが世界的な課題となっている。政治面の民主主義と経済面の民主主義がバランスよく両立しなければ、健全な社会は創造できない。協同組合は、歴史的成立時点から経済民主主義を標榜してきた経済組織である。

　また、協同組合は地域社会の一つの「器」である。その「器」の特性・本質は、自治と相互扶助を基本に、参加・平等に基づく民主主義、教育などを運営原則とする。原則は協同組合のアイデンティティでもある。民主主義は教育システムでもある。これらの原則に基づく組織運営は、組合員の潜在能力を引き出し、創造力を育み、コミュニティ、地域社会の組織的エンパワーメントへ連鎖、波及していく。まさに、人間やコミ

ュニティの潜在能力、可能出力すなわちケイパビリティの向上につながる。そして、そのケイパビリティが人間の成熟、社会的問題の創意工夫ある解決能力・機能ベクトルを引き出していくことになる。

　このたびのユネスコ登録を契機に、このアイデンティティとケイパビリティの正の関係、相互作用、相乗的サイクルこそ自覚的に再認識すべきではないか。もっと敏感になるべきではないか。協同組合運動による人のつながりや相互扶助、協同労働の関係性が地域コミュニティの新たなデザイン力となっていくだろう。それこそ、協同組合の社会的「器」としての役割である。

　ここで、本来の民主主義と協同組合はじめ社会的連帯セクターがそれぞれ基本理念（価値観）を共有しながら、地域に根ざししてっかりと踏ん張っていかなければ、劣化する政治と市場原理主義の暴走に歯止めがかからない。

第8章
邪な「農協改革」を乗り越える JAグループの対応方向

冨士 重夫
一般社団法人 JC 総研　特別顧問
中央大学大学院戦略経営研究科客員教授

1．JAの果たす役割とは何か

(1)　食と農を基軸として地域に根ざした協同組合

　正組合員である農業者の農業経営の収益を上げ、持続可能な経営体として次世代へ引き継ぎ、准組合員とともにその地域で安全に豊かに幸せに暮らすことができるようさまざまな事業に取り組んでいくのがJAの使命であり、役割である。つまり、地域の農業振興と地域に住む人々の豊かな暮らしを実現するための生活インフラの一部の機能を果たしていくということである。

　「職能組合」と「地域組合」、「農業」と「地域」を一体のものとして役割を発揮しているのがJAである。「食と農を基軸として地域に根ざした協同組合」が現在のJAの姿であり、今後のJAの姿でもある。

(2)　多種多様な正組合員、准組合員

　正組合員である農業者の姿は、農協法が成立した昭和20年代から日本経済・社会全体の変遷の中で、その経営体や作物形態も大きく、しかも多様な姿に変わってきた。個人、法人、集落営農、水田、畑作、畜産、

131

酪農、果樹、野菜、単一経営、複合経営、専業、兼業など、その組合わせは多種多様で、求めるニーズ・要望もさまざまである。

　准組合員である地域住民も、男女、年齢区分、複数世帯、単身、給与所得者、事業者、年金受給者、農業との関係度合いなど、これも多様である。

　こうした実態にある組合員の多様な悩みや問題を解決し、豊かで幸せな暮らしを築き上げていくことがJAの仕事であり、事業である。

２．世界の潮流と真逆な方向感

(1)　国際機関は協同組合の取り組みを評価

　2012年を国連が「国際協同組合年」と設定した。これは世界的に貧困、格差の拡大、環境破壊、人間的なコミュニティーの喪失などといった資本主義社会の負の病理が大きくなっていることを踏まえ、これまでの協同組合が取り組んできた実績を認め、協同組合がもたらす社会経済的発展への貢献が国連によって評価された証しである。

　特に協同組合が貧困を削減し、仕事を創設し、社会的統合に果す役割が注目され、国際協同組合年のスローガンは「協同組合がより良い社会を築きます」と設立された。

　そして国際協同組合年の目的は①協同組合についての社会的認知度を高める②協同組合の設立や発展を促進する③協同組合の設立や発展につながる改革を定めるよう政府や関係機関に働きかけるとされた。

　2015年には国連サミットで「持続可能な関発のための2030年アジェンダ」を採決し、持続可能な環境や社会づくりの取組みを約束し、そのための手段、方法として協同組合による実践を評価し、その促進を図ることが盛り込まれている。

　そして2016年11月末に「協同組合における共通の利益を形にするという思想と実践」がユネスコの世界無形文化遺産に登録された。これも国連の評価と同主旨であり「協同組合は共通の利益と価値を通じてコミュニティーづくりを行うことができる組織であり、雇用の創出や高齢者支

援から都市の活性化や再生可能エネルギープロジェクトまで、さまざまな社会的問題へ創意工夫ある解決策を編み出している」として登録が決定された。

⑵　日本は規制改革という名の協同組合攻撃を展開

　協同組合の設立や発展を促し、資本主義や競争社会によって生じた負の病理を少しでも解決し、人々が豊かで幸せを実感できる社会経済システムにして行こうと取り組んでいる世界的な潮流に対し、わが国政府はまったく真逆の方向感であり、規制改革推進会議という名の下で「農協改革」と称して、実は協同組合そのものの事業方式や協同組合の特質に基づき運営されている事項を改廃すべきと強迫する「協同組合攻撃」を展開している。

　すなわち、中央会制度の廃止、株式会社の公認会計監査の義務づけ、農協法の事業目的規定の見直し、株式会社への転換規定の整備、指定生乳生産者団体制度の廃止、独禁法の適用除外の運用規制の強化、ガバナンスやマネージメントへの介入などが平然と行なわれている実態にある。

３．協同組合の特質に対する攻撃

　協同組合と他業態とのイコールフッティング、協同組合に対する優遇措置廃止という考え方の根底には、協同組合の特質を無視しようとする意図的な無理解、社会運動にも取り組む協同組合に対する嫌悪感、利益を追求する株式会社優位論がある。

　協同組合内部においても、希薄化している協同組合の特質や原則から措置されている当たり前の考え方を組合員と共有し、外に向かって誤解や偏見を払拭していかないと、「協同組合は悪いもの」というイメージを植えつける動きに対抗できなくなる。

⑴　なぜ独禁法の適用除外なのか

　協同組合における共同購入や共同販売などの共同経済行為は、カルテ

ルに該当しない。つまり市場経済における占有、独占を排除することを本旨とする「独禁法」の適用除外である。この共同経済行為の適用除外は、適用除外法や個別法によって特別に除外するのではなく、「独禁法」本体による除外である。これは「独禁法」の事業者間の公正かつ自由な競争を維持・促進するという目的が共通だからであり、独禁法にとって、協同組合の適用除外は、付属的なものではなく、当たり前の規定なのである。

(2)　なぜ法人税は株式会社より軽減なのか

　法人税の軽減は「規模の小ささ」「公益性」「共益性」などの考え方によるが、協同組合の場合は、組合員中心の事業展開により「事業機会の制約」という共益性に基づくものと考えられる。

　また、協同組合は個人経営の延長として捉え、組合員の配当は組合の費用と見なされ、組合員個人の収益に対し所得税が課せられるということが基本で、配当後の、残余への協同組合の法人税は株式会社より軽減で良いとする考えに基づくものである。

(3)　なぜ員外利用は認められるのか

　組合員が事業利用するためにつくったのが協同組合であるが、なぜ員外者の利用が認められるのか。

　員外利用が「組合員の利用に支障を及ぼさない」と考えられる事業、つまり利用する組合員を限定することに意味のない業態、員外の利用が組合員の利益にもなる、という事業においては、員外利用規制は措置されない。この場合、法人税の軽減措置もない、というのが EU などにおける協同組合の実態であり、考え方である。つまり組合員の利用に支障を及ぼし、利用する組合員を限定することに意味がある事業については、員外利用規制が措置されるという考え方である。

(4)　なぜ准組合員に共益権がない制度を措置したのか

　わが国の職能別、事業別に措置されている各種協同組合法の中におい

て、准組合員制度があるのは第一次産業である農協、漁協、森林組合だけである。この理由の一つは、明治時代に措置された産業組合法に基づく第一次産業主体の地域の組合は、多くの場合農民などと地域住民を組合員としているのが実態であった。第二次大戦下の農業会においては、農民たる当然会員と地域住民たる任意会員に区分されたが、権利に差がなかったという歴史的な経緯がある。

　また、戦後、新たに農協、漁協、森林組合の協同組合法を創設するに当たり、地域経済や社会の実態を踏まえ、地域住民を組合員として事業利用してもらうことが、組合経営の観点から適切と考えられたからである。

　地域住民を准組合員として措置しながら、なぜ組合員としての権利である共益権を付与しなかったのかというと、戦後 GHQ の指導の下、わが国の民主化の中で農地改革と農協法は車の両輪とされ、小作から自作農の創出と、その自作農になった農民の自治による協同組織による農業・農村の復興が重要、との考えにより農協法が措置され、准組合員制度を認めつつ、非農民的な旧地主などの支配を排除することを徹底するため、組合員としての権利である共益権を付与しないこととされたのである。

(5)　なぜ、地域協同組合を作れないのか

　産業組合法は個別毎の業種や職能を特定したものではない一般協同組合法であったので、多種多様な協同組合を設立できたが、戦後のわが国の協同組合法制は個別法の体系をとり、農協、漁協、生協、中小企業等の協同組合法が分立し一般協同組合法がない。またすべてを束ねたり、横の連携を図る協同組合基本法がないのが現状である。

　信用事業などの総合事業の展開は、農業者、漁業者の協同組合という職能に立脚して措置されており、生活者協同組合である生協では信用事業を含めた総合事業はできないのが実態である。

　業種、職能等の根拠のないワーカーズコープや社会的協同組合、地域住民全般を組合員とする総合事業を行う協同組合は根拠法がなく、法律に基づいた地域協同組合はつくれないのが今のわが国の現状である。

4. 「農協改革」とは何か

(1) 2016年の改正農協法

2016年4月1日施行された改正農協法、いわゆる「農協改革」なるものは、政府・与党主導によるもので、JAグループから要望したものではない。安倍内閣の成長戦略と規制改革から求めてきたものであり、その目的は農業総産出額8兆円、我が国のGDPの1～2％の農業を経済成長戦略の重要項目と位置づけ、農業生産額、農業所得を倍増することにあり、そのための方法として、

① JAの自由な経営を束縛している中央会制度を廃止し、JAの監査は株式会社等を対象とする公認会計士監査を義務づける。

② JAの総合事業を各事業毎に株式会社や生協、一般社団法人などに円滑に転換できるようにする。

③ 連合会である全農は株式会社に円滑に転換できるようにする。中金、全共連は金融庁との関係もあり検討事項とする。

④ JAの理事の過半数は認定農業者、販売の実務者とする。

⑤ 目的規定を「農業所得の増大に最大限の配慮」と見直し。

⑥ 准組合員の事業利用規制は、5年間の組合員実態調査のうえで規制のあり方の結論を得るという内容で法附則に盛り込み、宿題と位置づけた。

この法改正によって、6次産業化、付加価値生産、輸出が拡大し、農業生産、農業所得の倍増が図られる、と誰が納得するだろうか。どのように具体的に農業生産や所得の拡大になるのか、どことどこが関係するのかまったく不明である。目的と手段が整合していないどころか、こじつけ、言いがかりのまったくの、まやかしである。中央会事業の具体的内容や、地域農業・地域経済の実態を踏まえた改正でもない。中央会を一般社団法人へ、協同組合から株式会社へという法人形態の形を変える環境整備をはかるのは、背景に腹の奥に隠された 邪 なネライ、考えがあって描かれたストーリーである。

⑵　第2弾の規制改革推進会議の「農協改革に関する意見」

2016年11月に出された規制改革推進会議の「農協改革に関する意見」は、はからずも邪な考えがわかりやすく表現されている。

①指定生乳生産者団体制度の廃止

酪農における指定団体制度は、極めて腐敗性の高い生乳の取引が、買い手である乳業メーカーとの関係で酪農家が不利にならないよう協同組合における共同販売を基礎において一元集荷、多元販売と需給調整を行い、その仕組みのうえに国の加工原料乳補給金の支払を加味した、いわば酪農家が安心して生産に取り組める制度であるが、規制改革推進会議は「生乳は生産者自ら自由に出荷先を選べる制度へ転換、指定団体への全量委託、全量販売は認めない。補給金の交付対象は限定せず該当する者を対象とする」と決論づけ、共同販売の考え方や、仕組みを否定。農家はどこと取引するか自由、個々バラバラが基本、協同したければ勝手にどうぞという考え方を出している。

②全農の共同購入、共同販売の廃止

規制改革推進会議は「農協は農業者から選ばれるサービスを提供する主体であり、農協以外の者とのイコールフッティングを確保すること。そのための法律、補助金などを総点検すべき」と結論づけている。

この主張は、農協を組合員が共同保有する法人であるという協同組合の本質を無視し、株式会社と同じように組合員から選択される業者と扱い、組合員との共同経済行為である共同購入、共同販売を否定する考え方をストレートに出している。

そして、協同組合の連合会である全農に対しては「全農は仕入れ契約の当事者とならない。共同購入の窓口となりメーカーと交渉する情報・ノウハウ提供型のサービス業へ1年以内に転換すべき。購買関連部門のメーカー等への譲渡・売却をすべき」と主張。共同購入の当事者でない者をメーカーが交渉相手と認めるわけがなく、情報の入手も困難であり、何のサービス業になれというか理解できないが、とにかく全農は共同購入の当事者になるなという事は共同購入できないということである。また、飼料のように自ら製造している購買関連部門をメーカーに譲渡しろ

とは、全農自ら生産資材の製造は禁止だと主張しており、結論的に全農は購買事業はやるなという考え方である。

販売事業においても全農は「1年以内に委託販売を止め、全量買い取り販売に転換し、直接販売すべき。販売事業に係る流通関連企業は中金と連携して買収すべき」と主張。つまり全農に共同販売を認めない。全農は農産物を買って販売するなり、加工するなり、株式会社になって取引業者になれ、協同組合はやめろという考え方である。

そして、「改革が進展しない場合は国が第2全農を設立すべき」という。民間組織であり、組合員・会員の所有である協同組合に対して、改革を促すという姿勢など微塵もない、官僚・政府が何んでもやらせることができるのだから、言われたとおりに従えという。政府審議会関係の文書で、国家権力を振りかざして脅し、強迫するという姿がストレートに出されたことは異様である。

③農協の信用事業を中金へ譲渡し代理店化

「農協改革」第1弾では抽象的に信用事業の代理店化の促進、しかもそれは単位農協の自主的判断とされているものが、第2弾では、明確に「3年以内に半分のJAの信用事業を中金等へ譲渡し代理店化すべき」と主張した。これは3年で半分なので最終的にはすべてのJAは代理店になれという考え方である。

このような規制改革推進会議の意見に対して、JA組織以外の学者や有識者、自治体関係者、政治家など多方面から、協同組合である民間法人への過剰な介入、自主・自律の組合自治への侵害、営業の自由など憲法違反など多くの指摘や抗議が発せられ、この意見はそのままの形で与党を通らなかった。

しかし、この意見にある方向性、めざすべき経済社会の姿は、協同組合の本質的な性格や特長を無知を装いながら否定するというものであり、株式会社主義、グローバル主義、利己主義、新自由主義に基づく協同組合攻撃であるといえる。

5．背景にある考え方

　真の目的は、「JA の経済事業（購買・販売）、信用事業、共済事業、厚生福祉事業などの総合事業体をバラバラにして解体すること」、「JA の信用事業と共済事業を農林中金と全共連に譲渡させ、JA を代理店化し、経済事業専門 JA にして行くこと」、「連合会は株式会社化して、M＆A の対象とするよう連合会制度を廃止する」ことであって、その目的を達成するための論拠としているのが、①株式会社と同じ土俵で事業展開すべきであるとするイコールフッティング論であり、もう一つが、今回新たな切り口としてきた、②農業者による協同組合に特化すべきとする農業純化論、地域協同組合否定の考え方であり、この延長線に准組合員の事業利用規制論がある。

　そして、さらに言えば、もう一つ③協同組合の自主・自律、主体性を否定し、法制度は国が与えたもので、法改正の主体は政府であり、政府・与党で決めるという考えが背景にある。

⑴　イコールフッティング、協同組合も他業態と同じにすべきで独自性や特質を認めない

　2016年 4 月 1 日の農協法改正で、特別認可法人である中央会制度を廃止し、あわせて独自の中央会監査制度も廃止された。投資家を保護するための株式会社の財務会計の適性を証明する公認会計士監査制度に対して、組合員の所有である協同組合が組合員目線で業務運営がなされているかという観点から会計監査と業務運営監査の両方を実施する協同組合監査の独自制度は、ドイツなどでも制度として担保されているものであるが、今回の法改正でわが国においては否定された。株式会社と協同組合は同じ法人ではなく、考え方や仕組みが違うわけであるが、こうした独自性や特長を認めないということは協同組合の否定である。

　第 2 弾の11月の規制改革推進会議の「農協改革に関する意見」でも、生産者自ら、自由に出荷先を選べるよう全量委託、全量販売を認めないとして、指定生乳生産者団体制度を廃止した。これら一連の流れは、協

同組合の特質を制度として法律で担保されているものは廃止するという考え方である。そして他業態とのイコールフッテングでは、金融、保険事業の兼営は禁止であり、従来は信用、共済事業の分離を主張してきたが、今回は信用事業を中金に譲渡して中金の代理店になることを主張してきている。

共済事業については「外圧」を利用しているのが特徴で、在日アメリカ商工会議所が改善すべき日本の規制として、JA 共済事業を全共連の代理業にすべし、共同元受のもとで JA に支払われる報酬への消費税免除の撤廃、保険法で禁じられている JA 共済の生損保兼営の撤廃を、公表している。

また TPP 協定の ISD 条項の「公正衡平待遇義務」という観点や、Ti-SA（新たなサービス貿易協定）交渉における、協同組合共済の分野で金融庁の監督の下で保険法による一元的な規制とすべきとするアメリカ提案など、まさにアメリカ商工会議所が主張する同じ内容で交渉が行われているなど、「外圧」によって JA 共済事業の分離、分割をはかろうとしている。

トランプ米国大統領の誕生によって TPP 協定は頓挫したが今後、日米 2 ヶ国による交渉で、自動車、農業、医療・医薬品と共に「協同組合共済」も争点にされる可能性が高い。

また税制面でも、協同組合の特質に基づく措置を廃止したり、法人税の軽減措置も株式会社との差が格段と縮小してきている。さらに山形の米の販売手数料の協議をカルテルとしようとした問題や、高知での JA の生産者部会とのルールを差別的、不公正取引とする問題など、独占禁止法における協同組合の共同販売、購入の適用除外を、厳しく取り扱う公正取引委員会の対応などに表現されている。

(2) 農業者の協同組合に特化すべきである

今回の法改正で、事業目的が協同組合の普遍的原則である「営利を目的としない…」ということから、「農業所得の増大に最大限の配慮」となった。また、ガバナンスの改正では、理事の質的要件は本来 JA ごと

の実態による自治の範囲の世界のものであったのを、法本体の規定で「理事の過半数を認定農業者、販売の実務者…」とした。

　JAは農業者の協同組合であるから、兼業農家ではなく、農業で所得の大宗を得ている認定農業者などが執行体制を握るべきであるという考え方であるが、JAは認定農業者組合ではない。農業に従事している地域の正組合員全体の民主的運営や組合員としての権利と義務、事業を利用するという観点など、協同組合としてのガバナンスというものを無視して、専業農家組合に特化させようとする意図が見える。

　経済事業中心の専門農協という狭い協同組合の枠に押し止める方法の一つとして、信用・共済事業の代理店化の姿を展望しているが、これは実質、JAの信用・共済事業の分離である。代理店になればJAが地域金融機関、共済の主体でなくなる。JAが信用事業を中金に譲渡した数年後には、すべてのJAが代理店として維持できるわけではなく、採算性の悪いJAは切り捨て、収益性の良いJAだけを代理店とするようになる。中金が主体であり、中金が代理店を選択することになるのである。代理店手数料に消費税が課されるので、その分、組合員の負担が増大する。収益の水準はJA主体と比べ2〜3割下がり、手数料はリスクに応じJA毎に異なることになる。総合事業による経営メリットの喪失、事業間支援が困難となる。また、JAが中金や全共連生保会社・損保会社の100％の代理店とはならない。韓国の例での代理店では一社25％までというのが実例だ。

　経済事業専門JAへ追い込む、もう一つの方法が准組合員の事業利用規制である。これは法附則に宿題として盛り込まれ、2020（平成32）年度までに結論を得ることになったが、そもそも准組合員の事業利用規制とは具体的にどのようなイメージになるのか。たとえば共済事業において正組合員の事業利用料の2分の1とは、自動車共済の2分の1とは、どういう共済か、生命、建更、自動車など正組合員が契約する共済の2分の1とは、どういうことなのか、などのイメージが具体的に不明である。

　そもそも、准組合員の自益権である事業利用権は憲法上の財産権であ

り、すでに准組合員となっている個人の利用権を法的に制限することはできない。准組合員は組合員なのである。法的に措置すればあり得るのは、准組合員の新規加入の抑制などの可能性は残るのかもしれないので、法律的な精査をし、考え方の整理をきちんとしておく必要がある。

6．今後の JA グループの事業運営の課題

准組合員の事業利用規制のあり方についての結論を出す2020（平成32）年まで、JA は何に、どう取り組んでいったらよいのか。

そのキーワードは、①協同組合、②総合事業、③地域、④運営参画の四つである。

(1)　協同組合でなければならない

JA の各事業を株式会社化できる。連合会である全農も株式会社に円滑に移行できる。「協同組合なんてやめて、迅速な意思決定できる株式会社になって、ビジネスチャンスを掴んで収益を上げた事業を展開すべきだ」と迫られているわけだから、なぜ協同組合で事業を行うことが良いのか、事業利用者である組合員や外部の方々にも明確に示していくことが重要である。

株式会社との比較によって協同組合の特徴や良さがわかるが、こうした点を念頭に、経営理念や事業・組織の運営を実施して評価を得られるものでなければ協同組合としての地位は担保できない。

6項目の切り口で株式会社と協同組合の特徴を比較する。

①「誰がオーナーか」という視点では、株式会社は株主であり、株式の譲渡により所有者は流転する。日本人であったりアメリカ人であったり、また、今日は A 氏で明日は B 氏に替わるなどするので株式会社のオーナーは株式という「お金」と言うことができる。協同組合は農業者や地域に住む、ほとんど移動しない人が組合員であり、その「組合員」がオーナーであり主人公である。

②「事業展開の範囲」では、株式会社は「グローバル主義」であり、協同組合は組合員がいる「地域主義」である。

③「利益の分配、収益配分の流れの構図」では、上場株式会社の株主の過半は外国人、海外法人という実態であり、株式会社では国外へ出る「外部流失型」となる。協同組合は組合員を通じて地元に流れるので「地域循環型」である。

④「経営戦略における時間軸」では、利益・配当優先の株式会社は赤字や儲からないと撤退する「短期主義」である。農業の営み、人々の暮らしは、いっとき良ければそれで良いというものではなく、長い時間の中で成就する。人間である組合員が主人公の協同組合は「持続可能型」である。ましてや JA の現場である地域農業、地域経済の願いは、次世代の未来も含め、持続可能な農業、暮らしの実現である。

⑤「ガバナンス、組織統治における基本的考え方」では、株式会社は事業組織体として「合理的効率主義」である。協同組合は「人間主義」である。「道徳なき経済は悪、経済なき道徳は寝言」と言ったのは、報徳思想の二宮尊徳である。協同組合は組合員が出資し事業を利用し、運営に参画する三位一体である。協同組合は組織体であり事業体であるが、組織活動を事業活動につないで事業を展開するのが基本であり、この組織活動の中に事業の芽がある。

⑥「労働者である従業員、職員の役割」では、株式会社は物や価値を生み出す「コスト」であることが根本で、そのうえでの人材育成である。協同組合の職員は組合員と価値観を共有する「運動者」、「協働者」であり、組合員と役員とを結びつける「連結者」である。協同組合の職員は、組合員との関係強化をはかることで成長する。そういう意味では協同組合の職員は「コスト」ではなく「資産」である。

(2)　総合事業の主体でなければならない

地域の農業、暮らしを支える事業のうち、農畜産物の販売、生産資材購買、生活購買、厚生、介護福祉などの事業は極めて収益性が低い。組合員のニーズに応じて持続可能性のものとして実施して行くには、収益

性の高い信用・共済事業も含めて、主体的に JA が総合事業を展開しなければ地域農業の振興や地域の活性化はできない。

信用・共済を分離したり、中金や全共連の代理店にして JA を経済事業専門農協にしたら、農業、地域が壊れる。JA が協同組合として自ら主体的に総合事業を展開することで、農業、地域を強化できることを、数字も含めて内外に明確に示す取組みが重要である。

JA 直売所のクーポン券付定期積金など農産物販売と信用事業を結びつけた事例など、まさに総合事業を活かした商品開発、総合ポイント制度の充実が重要である。また、地域コミュニティー希薄化の危機に対し、JA 支店におけるコミュニティーセンター機能の付与。金融・喫茶・生活購買をワンフロアにした支店形成など地域社会の危機を共有し、総合事業の JA ならではという拠点の展開といった、目に見える総合力発揮の形を組合員、地域の人々に実感してもらう取組みが重要である。

そして収益の源泉も含めて考え、地域農業振興のための営農基金、農業積立金などに活用する姿勢を明確にし内外に毎年開示することも大切な取組みである。

(3) 「地域」は JA に密接不可分

「JA は職能組合になれ」「農業者の協同組合に特化しろ」「地域協同組合などあり得ない」という主張のなかで、協同組合である JA は、組合員が住んで暮らしている地域社会と無縁に存在できない。組合員の悩みや、要望や希望は地域の暮らしや経済に係わる事柄であり、まさに「地域」は JA と密接不可分であり、農業と一体となって地域の課題解決に取り組んでいかなければならない。ICA 協同組合第 7 原則で規定する「協同組合はその地域社会の永続的な発展に努めます」とあるのは、協同組合の特徴が、そこにあるからである。

過疎化、高齢化の中でコミュニティーの力、いわばそこに暮らす人々の結束力が低下してきており、市町村行政と連携して「見回り協定」を締結している JA も多い。宮城県では県庁と県下 JA が一括して協定を締結している。JA 職員により定期的な訪問や食事の宅配、広報誌の配

布など JA と行政との連携による見回り協定は、コミュニティー力を補完する重要な取組みになっている。

　一支店一協働活動も多くの JA が取り組んでいるが、耕作放棄地に支店職員達が「そば」を植える活動を行い、それが農家にも広がり、地域特産物に発展し、JA が製粉施設やその「そば」を味わう食堂までつくり、地域の活性化に役割を発揮している活動もある。

　また、地域では給油所、ガソリンスタンドが赤字で撤退しており、JA も同じ状況になっているが、給油所を潰すのではなく、何とか継続できる道はないかと考え、週3日の週末営業にして人員をローテーションすることで黒字化し、ついには2か所増設する形で、地域の生活インフラの役割を発揮しつづける JA の取組みもある。

　こうした JA の事業や活動は、正・准組合員と共に地域に立脚し、地域の悩みをどうしたら解決できるかを考え、取り組んだ結果である。

⑷　組合員の運営参画の現状は民主的運営の危機

　協同組合の特質である、組合員自らが、出資し、事業を利用し、運営に参画するという「三位一体」のうち、今、運営参画が危機にある。正組合員は世代交代し、「JA は、親父や祖父が作ったもので自分は関係ない」と言う JA との繋がりの希薄化が進んでいる。合併による総代制で、直接関与から間接関与へ変わっている。農業経営形態、作物が多種多様になり、米中心から野菜、果樹、畜産、施設園芸、専業、複合、兼業、個人、法人など階層分化が著しいなかで、正組合員の多様な声、要望を出しやすく、受けとめることができ、運営参画につながる組合員組織の強化が必要である。

　准組合員の人数が拡大しているが、准組合員の方々がどういう人で、家族構成などの属性や、事業利用の実態、組織活動への参加の実態把握など正組合員と同様の情報ベースを管理する台帳は整備されているだろうか。

　准組合員は法律上、共益権、すなわち組合への運営参画権はないが、地域農業を支え、地域経済・社会を担う住民であり、JA の組合員である。

組合員は組合の民主的運営に参画するのが協同組合であり、法律規定にかかわらず自主的ルールとして、准組合員の運営参画の方法を確立することが必要となっている。准組合員に総代会に出席して意見を述べてもらったり、地域懇談会から出席して准組合員の意思を反映するよう取り組んでいる JA が出てきており、また、准組合員を理事に登用する規定を確立した JA もある。

　法律の規定にかかわらず、協同組合として、そして「食と農を基軸として地域に根ざした協同組合」として、組合員である准組合員の悩みや期待や、要望を聞く場をつくり、組織活動や運営に参画してもらうルール作りを、JA 自ら取り組んでいく必要がある。

7. JA自ら、「農業」「地域」「総合事業」の理念を確立し、行動する

　准組合員への事業利用規制と信用事業の代理店化の促進、外圧を利用した共済事業の代理店化、すなわち JA の総合事業の解体、協同組合から株式会社への転換という "邪（よこしま）" なネライを潰し、「食と農を基軸として地域に根ざした協同組合」を将来に向かって担保するためにはどうしたら良いか。理念や論理に基づき法制度や法的枠組みの担保を政治的に要求しても空中戦に終わる。

　その方法は、この150年に及ぶ協同組合の先駆者や先輩達の歴史が教えてくれる。すなわち行動あるのみ。実践の積み上げによる、確固とした有無を言わせない実態を作り上げること。このめざす姿の実態が先行して、法律や制度の整備が後から追随して措置せざるを得ないようにして実現を図ることだと思う。

　現行の法律規定の枠組みに拘束されることなく、JA 自ら協同組合の特徴を活かした理念や考え方に基づき、自ら実践していく具体的な取組み事項を盛り込んだ「規範」を確立する。

　これは JA 自らの「規範」であるが、この内容の方向と違背するような法改正や制度的措置は拒否し、認めない。JA の主体性の発現であり、JA の果たしている地域社会での役割への理解に資するものとして内外

に公表し、認知を得る実践運動である。

(1)　正・准組合員の組織運営原則

　世代交代し、農業構造の分化の中で、個人、法人、集落営農、専業、兼業、単作、複合作など多様な正組合員の具体的な要望などを、多様な仕組みで意思を反映していく絵姿、行動プロセスを示す。

　准組合員は、法律上の権利はなくとも、協同組合の民主的運営原則に基づき、自ら定款、規約などに運営参画していく具体的な行動プロセスを示し、准組合員の意思反映をはかることを明確にする。地域住民の大宗を組合員として、准組合員の事業利用を通じて地域農業や地域活性化をめざす役割を担う具体的内容を示す。

　そして正・准組合員共に、「協同組合講座」や「女性大学」などに参画し、協同組合の組合員としての意識を向上し、提案し、行動する組合員が JA のオーナーであることを明確に示す。

(2)　「地域に根ざした協同組合」としての経営理念に基づく事業運営原則

　代理店ではなく、JA 自ら、信用・共済、購買・販売、福祉など総合事業を主体的に展開することによって、地域農業・経済を支え役割を発揮していくことを明確に示す。

　ガバナンスの面では、准組合員、地域住民の理事・監事を○名以上と自ら定め、地域経済・社会への役割を果たしていくことを示す。

　そして地域住民全体としての信用・共済事業の事業利用によって得られた収益は、その源泉に鑑み、「地域に根ざす協同組合」として、地域農業振興や地域経済のための積立金などとして活用することを明確にし、その使途も毎年具体的に明らかにすることを示す。これまで蓄積された内部留保等についても、どのような処分方法が適切か、地域の農業や社会を支える JA としての考え方を示す。

　このように総合事業の展開により、その収益の源泉に基づき、「地域に根ざした協同組合」として適切に使うという財務会計基準を明確に示

して実践することが重要だと思う。

　邪（よこしま）な「農協改革」を乗り越え、JA 自らの主体性を確保するためには、受け身ではなく、農業振興と地域活性化を一体のものとして取り組む JA の思いを強く主張し、それを積極的に行動している JA の姿を見せて、実績を積み上げていくことが、戦いの展望を切り拓く。

　待っていないで、明確な意思を持って実践し、実態を作り上げ、それに基づいた法整備をはかることを JA グループ全体の共通認識として確認し、5 年後へ向けて取り組むことが最善の道である。

8．新生「中央会」の役割発揮

　2019年9月から農協連合会という法人形態になる都道府県中央会、一般社団法人となる全中。そして全国監査機構を廃止して新たな公認会計士法人による監査の転換。現在、こうした日程を置いて、具体的な中央会の事業、組織、財務などの検討が行われているまっただ中である。

　新生「中央会」は1県1JA を志向する県が相当数にのぼることや、全国段階における JA グループの事業連合会、株式会社、一般社団法人などの事業機能の再編統合も視野に入れて考える必要がある。

　また TPP 協定や農業政策、第2、第3弾の農協改悪、5 年後の准組合員条項など、重要な農政課題に対する JA グループとしての農政運動の再構築を具体的に、どう仕組んでいくのかを考える必要がある。

　政府から攻撃されて、中央会さんはたいへんですね、全農さんはたいへんですねと、他人事と思っているうちに分断されて、やられた「農協改革」。これを教訓に、協同組合は結集して闘わなければ力を発揮できないという基本に立ち返って、新生「中央会」の具体的な機能や事業の強化を図ることを、会員である JA や、連合会が自らの意思でつくり上げていくことが極めて重要となっている。

第9章

共済事業からJAの役割を考える

武田　俊裕
一般社団法人日本共済協会　理事

　「JAの価値と役割」を共済事業の面から考察するにあたって、まず、共済事業に関する賀川豊彦の主張とわが国において共済事業が法認された経過を概観したうえで、JA共済事業が現在果たしている特徴的な役割を確認し、今後その役割を果たし続けていくために何が必要か、共済事業の特性を踏まえて考えてみたい。

1．JA共済事業の思想的・歴史的背景

(1)　賀川豊彦の主張した共済の必要性とその位置づけ

　賀川豊彦は、1936年の論文『保険制度の協同化を主張す』において、「生命保険全部は今日資本主義的営利保険によって経営されており、被保険者たる大衆は言わばその搾取の対象とされているのである。保険業法の上では株式会社、相互会社の二種が規定されており、相互会社は互助的組織のはずであるが、実際においては株式会社も相互会社もその行うところは五十歩百歩であって、その営利主義的なる点において何らの相違はなく、何ら勤労大衆の利益を計るものではない」と述べ、協同組合が生命保険を行うことにより、①その資本を協同組合運動のために運

用すれば、土地の協同組合化、協同組合工業、協同組合建築等の長期資金となり、協同組合運動の限界性を拡大する、②債務者たる組合員の死亡による負債支払能力の喪失を防ぎ、組合員の家族の破滅を防ぐとともに、信用組合の経営を健全にする、という利益がもたらされることに加えて、保険経済自体も、①互助の精神で運営されれば、無理な勧誘がなくなり、募集費・維持費が節約されるとともに、失効・解約による被保険者の犠牲も防止できる、②協同組合運動の同志として道徳的相互監視が行われ、加入時の逆選択（危険の高い者だけが保障対象となること）の懸念がない、③既加入者に対して予防医療・早期診断を施すことによって死亡率を低減できる、④経営内容を熟知した産業組合に貸し付けることにより、安全な資金運用ができる、といった形で合理的に行い、そこで生じた剰余金を協同組合運動の新たな発展と勤労大衆のための諸施設に流用できる、と主張した。そして、「保険協同組合化の重要性は独り生命保険に限らない。保険そのものが本来互助的たるべきものであるがゆえに、我々はあらゆる保険部門における協同組合化を主張せざるを得ない」と述べている。

　賀川は、1946年の論文『協同組合の理論と実際』において、協同組合には①生産者を主体とする「生産組合」、②消費者を主体とする「消費組合」、③金融を行う「信用組合」、④生産者と消費者が連携する「販売組合」、⑤組合員の共助互恵のための「共済組合」、⑥組合員の将来の保障を行う「保険組合」、⑦各種の利用のための「利用組合」、の七つの機関が必要であり、これらが「身体のそれのごとくよく結合統治されるとそこに健正な大活動が生まれる」と述べた。現在の共済事業は「保険組合」にあたり、賀川はこれを人体において全身を支える骨格に例えている。賀川にとって、組合員の将来の諸リスクに備える共済事業は、生産、販売、消費、信用などの日々の暮らしがうまく回っていることを踏まえ、将来の不安を解消することにより組合員の生活福祉の向上、幸せづくりを完結させる、いわば「締めの事業」として位置づけられていると理解することができる。

⑵　わが国における協同組合共済の法認の経過

　第二次大戦後、賀川は、日本協同組合同盟の会長として、大蔵省の設置した金融制度調査会の部会の委員に就任し、保険業法のなかに「協同組合による保険」の規定を設けるべきと強く主張し、協同組合の諸団体も「協同組合保険研究会」を結成して活動を展開したが、保険業界の反撃により保険業法の改正による協同組合保険の法認は実現せず、その後、1947〜49年にかけて農業協同組合法（以下「農協法」という。）を含む各種の協同組合法が制定される際に、協同組合が実施できる事業の一つとして、共済事業を実施することが認められた。

　こうした経過により、協同組合の行う保障事業は「保険」ではなく「共済」と称することとなり、それぞれの協同組合が、その組合員のニーズに合った保障内容・掛金水準の仕組みを開発し、地域における組織形態を踏まえた推進方法で保障を提供することによって組合員の理解・支持を得て共済事業を発展させてきた。

　わが国の協同組合共済は、各団体の組合員への保障提供を通じて、国の社会保障制度を補完するとともに、組合員が主体となって望ましい保障内容・掛金水準を相互扶助という形で実践し、健全性の高い事業展開を継続することにより、保障業界全体に保障のあるべき姿を問いかけてきたといえる。

　JA共済は、農村からの資金流出を阻止して内部蓄積を図ること、生命共済により組合員との関係を密接にすること、長期にわたって不慮の災害に備えながら家屋の建替（更生）資金を備蓄することをめざし、生命・建物の長期共済を両輪として全国的に実施された。

2．現在のJA共済事業の果たす役割

　JA共済は、事業を開始して以来、世帯主が亡くなった際の遺族の生活保障と火災・自然災害によって住宅に生じた損害に対する保障を中心として定着・発展してきたが、その後、交通事故による賠償義務・傷害に対する保障需要の高まり、高齢化の進展による終身保障・年金・医療

保障・介護保障に対する需要の高まり、高度な専門性とコンプライアンスの要請、といった時代の流れに合わせて、組合員の立場に立った保障提供を展開してきた。

JA共済連は、2003年に次の3項目を「JA共済の使命」として定めている。

一、JA共済は、農業協同組合が理念とする「相互扶助」を事業活動の原点とし、常に組合員・利用者の信頼と期待に応え、「安心」と「満足」を提供します。

一、JA共済は、最良の保障・価格・サービスによる「ひと・いえ・くるまの総合保障」の提供を通じて、組合員・利用者の豊かな生活づくりに努めます。

一、JA共済は、事業活動の積極的な取組みを通じて、豊かで安心して暮らすことのできる地域社会づくりに貢献します。

以下この節では、現在、JA共済の事業活動が果たしている役割について、その主な特徴を挙げて概説する。

(1) 組合員とのつながり──総合事業の一環としての「ライフアドバイス」

保険業法は、一つの保険会社が生命保険と損害保険を兼営することを禁じている（第3条第3項）が、農協法にはそのような規制はなく、JAは生命分野・損害分野の保障をともに提供できる。また、農協法は、JAが、営農指導事業、信用事業、購買事業、販売事業、医療事業、老人福祉事業、生活・文化事業等と併せて総合事業の一環として共済事業を行うことを認めている[※1]。このことから、JAは、組合員の営農・生活の状況および財産や人生設計に関する考え方をよく理解したうえで将来を見通し、適切なタイミングでその組合員に合った保障を設計し、提案することが可能となる。

本書で紹介されたJA管理職の「共済事業が農協の最終業務」という

考え方（93頁）は、このことを端的に表現したものであり、1．(1)で述べた賀川の主張を具体化したものである。

　共済には、「組合員は自らの将来のリスクについて明確に自覚しておらず、またそのリスクはライフステージの進展につれて大きく変化することから、JA の側から適宜働きかけて保障の必要性に気づいていただく必要がある」「保障とは目に見えないものであり、共済金の効用や提供されるサービスの品質を予め理解していただくことがむずかしい」「共済契約の内容は複雑かつ専門的であり、JA から組合員に対して適切な説明を行うことにより理解・納得していただく必要がある」「組合員とJA との関係が、共済期間の終了まで継続する」といった特徴がある。

　これらを踏まえ、JA 共済では、「ライフアドバイザー（LA）」という制度を設け、所定の研修を修了して専門知識を取得した外務職員が組合員と対面して共済の推進にあたり、加入後も継続して組合員と接していく方式を中心として事業を展開するとともに、「スマイルサポーター」という制度を設け、JA 窓口での相談・手続に的確に対応できる職員の育成に努めている。

　地域において生活し続ける組合員に、身近さ・親しみと信頼を継続して感じていただくことが、組合員の立場に立った保障提供の基盤となっている。

※1　JA 共済連の行い得る事業は、共済事業とその附帯事業および保険会社の業務代理・事務代行の事業に限られている（農協法第10条第24項）。

(2)　保障仕組み──建物更生共済による自然災害保障

　JA 共済独自の保障の最も代表的な例が、1961年に開始された建物更生共済による自然災害の保障である[※2]。その仕組みの主な特徴としては、①満期共済金の給付される長期共済において自然災害を保障する（満期共済金のための積立金も保障の原資となる）、②特約として保障の上乗せを希望する加入者にのみ保障提供を行うのではなく、主契約においてすべての加入者に保障を提供する（逆選択を防ぐ）、③風害・水害・雪害・地震・津波・噴火等を「切り分け」せず、すべての自然災害を保障対象

とする（保障対象となる災害とならない災害を区別しない）、④「全損・分損・一部損」といったランク分けに基づいて共済金の額を算出するのではなく、実際に生じた損害の程度に応じて共済金の額を算出する、⑤全国統一の共済掛金とする、⑥複数の共済種類に加入者集団を分けず、単独の共済種類として加入者集団を構成し、徐々に担保力を強化しながら仕組改訂によって保障水準を引き上げ、その際にはすべての加入者に最新の保障水準を公平に適用する、⑦外壁を具備しない畜舎・堆肥舎も保障対象とし得る、といった点が挙げられる。

日本のどこでどのような災害がいつ起きるかわからない自然災害に対する全国の組合員の備え方として、公平でわかりやすい制度とする開発思想で運営されてきている。

実際に大規模な自然災害が発生した場合には、JA共済連の全国の本部から損害査定の技法を習得した職員が被災地に派遣され、現地の被災前後の状況を把握したJA職員と協力して損害の調査を実施し、共済金の支払手続をすすめる制度となっている。その具体的な姿の一端は、本書（89頁）でも紹介されているが、本章では、東日本大震災で甚大な津波被害を受けたJAの職員（LA）が「全壊ラインの線引き」のための調査に赴いた際の体験を紹介する。

「調査を進めると、私は行く先々で、あまりの惨状に言葉を失いました。車で行けるところまで行き、その先は徒歩です。損保は航空写真で一気に調査をしたそうですが、私たちは、自分の足で調べました。出会う人ごとに声を掛け、いろいろな情報ももらいました。その情報を手掛かりに避難所に出向き、そこで知った顔をみつけたら声を掛けて、またさらに情報を得る、といった具合に少しずつ組合員の情報の糸をたぐっていきました。まずは行く、そして顔を見る。そこはやっぱり、地域密着の「農協さん」なのです。」

総合事業を行うJAは、被災した組合員への支援、その営農・生活の再建と被災地の復興に多面的に関わる存在であり、建物更生共済は、その重要な柱の一つとして、被災した組合員たちがその地で営農・生活を立て直し、地域のコミュニティと協同を再興するための財源を支える機

能を果たしている。東日本大震災に対する建物更生共済の共済金支払実績は、68万件、9,349億円にもなり、損保全社合計の地震保険の支払実績（78万件、1兆2,345億円）に比肩する貢献を行ったといえる。

※2　生命共済の分野における例としては、終身共済の定期特約を、保障期間中の更新による掛金上昇のない「全期型」を基本として提供したことや、生保の変額保険に対応する共済を実施しないこと（いずれも組合員に不意打ちとなるような負担・リスクを避けるため）が挙げられる。自動車共済の分野における例としては、自動車共済・自賠責共済の共済掛金のセット割引や、田植機・刈取脱穀作業車・農業用薬剤散布車を対象とした季節農業用自動車保障特約が挙げられる。

(3)　事業実施方式──JAとJA共済連による共同元受

　JA共済においては、2005年度以降、組合員との共済契約は、JAとJA共済連が共同して（連名で）締結している。「共同元受」と呼ばれるこの新たな事業実施方式は、ペイオフ解禁、複数の保険会社の破綻と「保険契約者保護機構」の設立、複数のJAの自主解散、といった当時の環境動向を踏まえ、共済に加入した組合員の保護を貫徹することを目的として導入されたものである。

　共同元受方式においては、JAとJA共済連が共同して共済契約を締結し、共済金等の支払債務は両者が連帯して負うこととしたうえで、両者の負担割合を「JA：JA共済連＝0：100」と定めることにより、それ以前と同じように共済責任の全てをJA共済連が負担することとした。共済期間中にJAに破産申立等があった場合には、共済契約が自動的にJA共済連が単独で締結する契約となり、以後の保障はJA共済連が継続して行い、共済金・返戻金の全額を支払うこととした。また、平成16年度以前に締結されていた共済契約についても、「共済掛金を変更することなく加入者の保護を貫徹するための仕組改訂であり、加入者の不利益になる点はない」として共同元受に変更された。

　JAが破産しても加入者を保護するためには、「JA共済連が組合員と直接契約し、JAはJA共済連の代理人となる」方式もあり得るが、連合会が事業主体となり、JAが連合会を代理するような方式は、「組合員がJAに出資し、運営し、その事業を利用する」、「連合会はJAの事業を補完する」という協同組合組織のあるべき姿に反していることから採

用せず、JA の主体性を堅持して事業活動に取り組むこととした。

　共同元受方式の導入により、①JA 共済連が自ら契約当事者となることにより、従来からの「強み」である JA の自主性や地域特性に基づく創意工夫を活かしながら、現場での課題を把握し、JA をより適切に支援することが可能となる、②事故後の処理や契約の保全管理が一元的に行われ、サービス面での JA 間の格差がなくなり、組合員の満足度が高まる、③組合員の抱えるニーズや課題に JA と JA 共済連が一体となって同じ視点から積極的に取り組むことにより、協同組合の共済事業のあるべき姿が実現できる、というメリットがあると整理された。

　平成17年以降、JA が実際に経営破綻に陥り、共済契約を JA 共済連の単独元受に変更して加入者の保護を図った事例は生じていない。

　共同元受は、「JA が事業主体である」という協同組合のあるべき姿を維持しながら、共済責任の全てを JA 共済連が負担することによる「全国規模でのリスク分散」と「JA の経営リスクの回避」を両立させた合理的な事業実施方式であり、2014年、政府主導の「農協改革」への対応の考え方として、JA 共済連は「共同元受方式を堅持し、組合員の保障の充実に努めるうえで、JA との業務分担を見直すなどして JA の事務負担を軽減する」旨発表した。その際行われた記者会見で、JA 共済連は「（政府が信用事業について活用を求めてきた）代理店方式とは全く異なる。（共同元受方式は）まさに地域に密着した事業展開を実施していくために最も必要で、基幹となる」と述べた。

(4)　地域貢献——健康で安心して暮らせる環境づくり

　JA 共済では、組合員・地域住民が住み慣れた地域で健康で安心して暮らせる豊かな環境づくりへの貢献を、保障提供との「車の両輪」として取り組んでいる。代表的な具体例としては、「病気・事故等の未然防止（リスクの回避・軽減）」としての健康体操（レインボー体操）講習、健康・介護に関する相談や交通安全教室、「事故発生後の事後支援」としての災害救援・復興支援（寄附講座）や交通事故被害者の社会復帰支援、「文化支援」としての書道・交通安全ポスターコンクールが挙げられる。

　2016年度からは、地域貢献活動に「くらし」と「営農」の分野を加え、県域の特性に応じて柔軟に実施できるよう再編し、生活支援・農業振興・協同活動や防災・防火対策活動に取り組むこととしている。また、共済事業として農業経営に貢献する取組みとして、担い手経営体に対する農業リスク診断活動を行い、包括的なリスク対策となる保障提案を行うほか、6次産業化支援等にかかる他事業連との共同・連携をすすめることとしている。

3. 今後に向けて──組合員の参画と役職員教育

　これまで述べたように、JA共済事業は、JAの実施する総合事業の一環として、組合員の立場に立った保障提供を、協同組合に相応しい事業実施方式で行ってきており、また、事故の未然防止・事後支援を中心として地域貢献活動に取り組み、これをさらに展開していこうとしている。しかしながら、その一方、「共済に加入する組合員の意識が、保険に加入する消費者のそれと同質化し、共済の独自性が充分に発揮・認識されていない」と指摘されている。2015年の第27回JA全国大会では、組合員の顧客化や意思反映・運営参画の機会に乏しい組合員の増加を事業横断的な課題と捉え、組合員の「アクティブ・メンバーシップ」を確立し、組織基盤の強化に取り組むこととされた。

　「共済は、相互扶助を形にした"最も協同組合らしい"事業である」といわれることがある反面、共済事業には、「保障設計・共済加入は世帯・個人単位の出来事である」、「保障内容（契約条項）や掛金の決定には専門知識を要する」、「長期・安定的に運営していくためには全国規模で母集団を形成して『大数の法則』を機能させることが不可欠である」といった性格があり、"組合員が運営に参画し、顔の見える関係の下で協同して活動する"という実感が得にくい。これを克服して、共済事業が「組合員の参画に基づいて実施されている」といえるためには、JAとJA共済連が一体となって次の三つのことに取り組む必要があると考えられる。

①　基本的なことではあるが、日々の活動のなかで、一人ひとりの組合員の営農・生活の状況や考え方に合った保障設計・提案を徹底する。そのために、組合員との身近さや信頼関係を維持していく。

②　自分の払い込んだ掛金が、事故に遭った他の組合員の生活保障に役立ち、また、事業による収益が地元のJAを通じて地域に還元されているという「掛金の使途」を組合員に伝え、「共済への加入には協同組合の運動に参画するという意味がある」ことの理解を得る。

③　将来の不安に関する組合員の生活実感を積極的・具体的に把握し、仕組開発・推進活動に反映させることにより、「JA共済は組合員の意向を反映している」ことを組合員に伝える。

　こうした取組みの基本となるのは、「協同組合が共済事業を行う意義」「組合員が共済に加入することの意義」および「共済と保険の相違」について、職員が正しく理解し、組合員に伝えるための教育訓練である。協同組合・共済事業の理念は、多くの組合員・役職員で共有すべきものであり、専門知識がないと理解できないような難解・複雑なものではない。

　JA共済が、①「誰かが儲けるためでなく、組合員が互いに守り合う、事業であり、運動であり、教育活動である」こと、②組合員が共済に加入することは「株主・経営者が儲けるために保険を売っている会社の顧客となって保障を買う」こととはまったく異なる意味があること、③賀川豊彦の主張に沿って組合員の営農・生活の保障を積み重ねて大切な役割を果たしてきたこと、④協同組合と共済事業が、これからの地域社会の持続可能な発展のために果たすべき（挑戦すべき）役割があること、について、組合員・役職員に対し、明確に、繰り返し訴えかけていくことが、協同組合の価値・存在意義を実践し、その優位性・独自性を発揮することによって系統内外の理解と支持を得ていくための不可欠の条件となろう。

　JA共済は、積み重ねてきた歴史・事業量の面でわが国の協同組合共済を代表するものの一つとしてそのあり方が絶えず注目され、期待と批

判の両面から評価されている。

　共済事業の現場では、苦境に陥った組合員に対して、日頃から親身になって接してきた職員が心を寄せ、また、大きな災害があった場合には、被災地のJA職員と全国のJA共済連職員が力を合わせて数多くの罹災物件を調査し、共済責任を全うしながら組合員を励まし、被災地の復興を支えている。

　こうした姿があるにもかかわらず、共済事業については、系統の内外を問わず「他部門の赤字補填のための収益事業」という、理念・本質を離れた"固定観念"で語られるきらいがあった。この"固定観念"は、数多くのJAの経営実態を表現したものではあったが、「共済事業（による収益）があるから、本来必要な経営改善がすすまない」という批判・イメージを定着させ、近年の「JAの営農専門農協（職能組合）への純化」という政策論を招く要因の一つになったともいえる。

　こうした"JA攻撃（いわゆる信共分離論）"に対する反論として、JAが総合事業の一環として共済事業を行うべき根拠が「地域社会に不可欠なJAの経営の維持」としか語られないとすれば、それは望ましいことではない。JAにとって共済事業は、「他事業が赤字でなくなれば不要となる事業」では決してない。被害の深刻な被災地に赴き、「支払う共済金を1円でも削って収益を上げよう」と考えて損害調査・組合員対応にあたる職員などいない。

　JA共済におけるこれからの教育訓練や広報は、政府の政策論に対する一過性の反論のためのものではなく、全国のJAにおいて共済事業に前向きに取り組み、組合員から「将来の保障のことまで相談できる」と信頼される職員を増やすとともに、人々の相互扶助に基づく持続性のある社会づくりに共感する若者を次世代の協同組合人・共済人として育成するためのものとして、従来以上に戦略的・積極的に取り組まれるべきものである。

〔参考〕 ＪＡ共済の理念・価値・あり方を考える論点

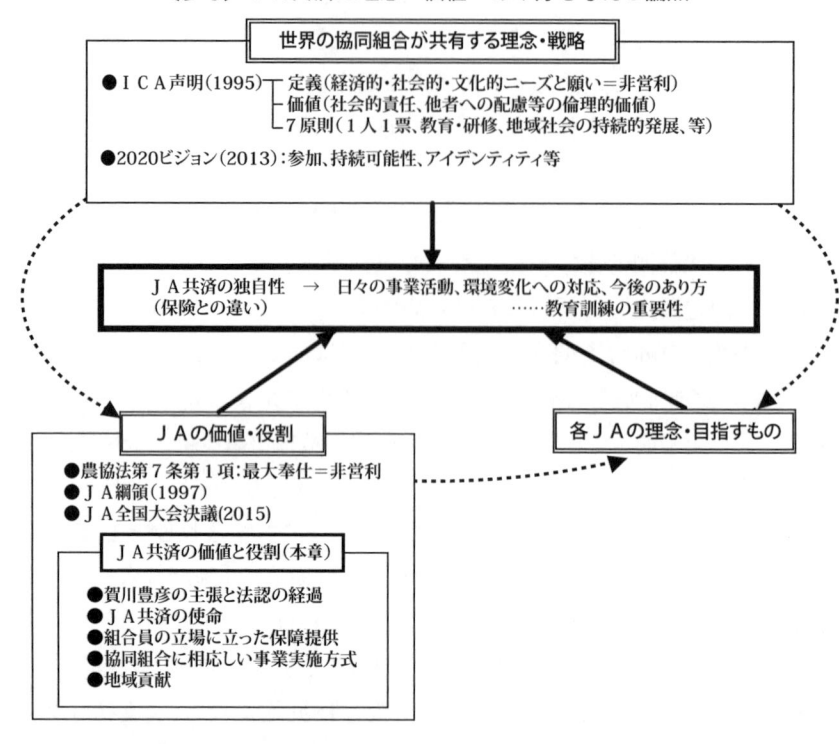

〔**参考文献**〕

『ここから、』（JA 共済連、2012）

『日本農業新聞』2014年 7 月25日付、2016年 8 月 6 日付、2016年 9 月17日付

『協同組合の心を求めて』（日本共済協会、2016）

『やさしい共済入門　農業協同組合法版　2017年度版』（日本共済協会、2017）

『共済と保険』2008年 5 月号、2014年 5 月号、2016年10月号（日本共済協会）

第10章

信用事業にみる農協の意義

斉藤 由理子
農林中金総合研究所　常務取締役

１．預金取扱金融機関としての役割

　2016年３月の農協の貯金残高は家計の預貯金残高の11％、貸出金残高は家計の民間金融機関からの借入の６％を占める。また14事業年度末の農協の信用事業店舗数は8,464と、ゆうちょ銀行に次ぐ店舗数を誇る。こうした計数面からみても、農協信用事業は預金取扱金融機関として、わが国の金融システム、特に個人リテール分野において重要な役割を担っているが、その機能面についても確認しよう。農協も含め預金取扱金融機関の基本的な機能は金融仲介と決済の二つである。

(1)　金融仲介機能

　金融仲介とは、資金の調達者と資金の運用者との金融取引を仲介することである[※1]。個人などの資金の運用者から金融機関は資金を受け取り、預金などの証券を発行する。一方、個人、企業、政府などの資金の調達者に対して、貸出を行う、また企業の発行する株式や社債、政府が発行する公共債などを購入する。金融機関は個人や企業等に対して、そのニーズに合致した預金を発行するが、その多くは比較的小口で期間が短く、

流動性が高く、さらに信用リスクが低い預金である。一方で、企業等に、そのニーズに応じた期間、規模の貸出や債券の購入を行うが、企業の場合には信用リスクは総じて預金に比べ高い。このように金融機関が金融取引を仲介することによって、規模、期間、リスクなどが変換されることを「資産変換機能」といい、こうした資産変換は資金の運用者、調達者両方にとって好ましい。また、金融機関は資金の調達者である企業や家計、政府などの返済能力を審査することによって適切な金融取引を促進し、借り手の行動を監視して、返済の可能性を引き上げている。この審査や監視等を「情報生産機能」という。

金融機関が取引を仲介し、これらの機能を果たすことで、金融取引にかかるさまざまな費用、すなわち取引費用が削減され、効率的な金融取引が行われることに金融仲介機能の意義がある。

2016年3月末の農協資金の残高をみると、農協では組合員等からの貯金が96兆円、一方で組合員等への貸出金が22兆円、有価証券・金銭の信託が4兆円、さらに信連、農林中金への系統預け金が70兆円となっている。農協の貯貸率（貸出金残高／貯金残高）は21％であり、信用金庫の預貸率50％、信用組合の53％と比較しても低いが、これは、組合員の利

第1図　農家と預金・借入金比率と農協の貯貸率

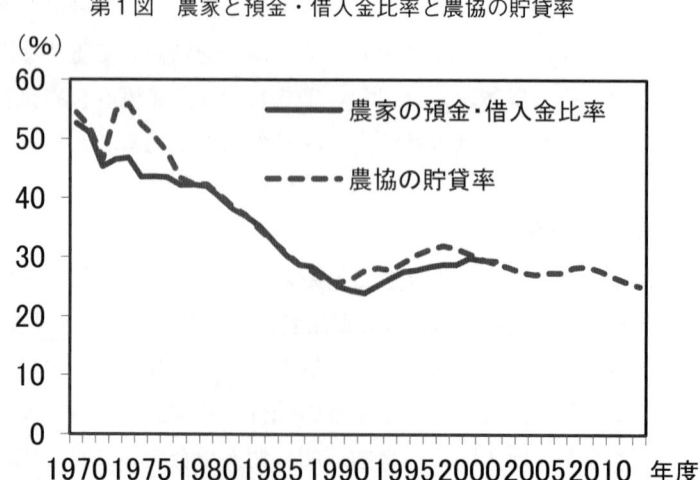

資料　農水省「農業・食糧関連産業の経済計算」・農林中金総合研究所「農協残高試算表」

用が貯金や貸出金の５分の４以上と農協法で規定されており、その組合員の99％は個人、また組合員の44％は農業者である正組合員が占めるという構造を反映したものである。

　第１図は農家の預金・借入金比率（借入金残高／預金残高）と農協の貯貸率の推移を並べたものである。統計の制約から農家の預金・借入金比率は2002年度までであるが、1980年代後半以降90年にかけて、その低下とともに農協の貯貸率は低下していること。農産物の自由化や米価の下落で農業生産、農業収入が伸び悩むなかで農業にかかる設備投資、そして農家の借入金は低迷した。また、農家の兼業化による農外所得の増加や土地代金の流入により農家の金融資産が増加し、貯金が増加を続けたことが、農協の貯貸率の低下の背景と考えられる。

　第２図によって、農家一戸当たりの借入金の推移を、農家の借入金、農協の貸出金とともにみてみると、統計が不連続なことには注意が必要であるが、2000年をピークに農家一戸当たりの借入金残高は減少する傾向にあり、農協の貯貸率の低下に拍車をかけていると考えられる。また、

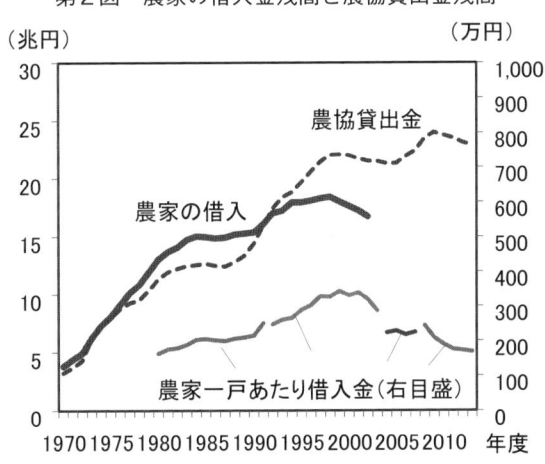

第２図　農家の借入金残高と農協貸出金残高

資料　農水省「農業・食料関連産業の経済計算」・「農家経済調査」「農業経営統計調査農業経営動向統計」「農業経営統計調査経営形態別経営統計（個別経営）」・農林中金総合研究所「農協残高試算表」
（注）　1.　農家の借入金は国民経済計算の期末貸借対照表に対応する計数
　　　　2.　農家一戸あたりの借入金の計数は、1990年度まで総農家、1991～2007年度は販売農家、2008年度以降は農業生産物の販売を目的とする農業経営体（個別経営）の数値
　　　　　2004年度からは農業経営関与者に限定

家計の借入金は1990年代後半以降伸び悩んでおり、かつ90年代後半以降は都銀も個人リテール業務重視の姿勢を明確にするなど個人分野における金融機関の競争が激化していることも、貸出金の8割が個人向けである農協において、貯貸率が低水準にとどまっていることの要因の一つと考えられる。

　農協の貸出金を貯金が上回る部分のうち、有価証券で運用するものを除く大部分が信連、あるいは農林中金への預け金となる。信連から農林中金への預け金もあり、各段階で貸出金と有価証券を中心に国内外で運用が行われている。2016年3月末の信連の貸出金は5兆円、有価証券は19兆円、農林中金の貸出金17兆円、有価証券63兆円である。

　日銀「資金循環統計」で日本において生じた金融取引の結果である、国内非金融部門と海外部門の負債残高をみると、資金需要が多様化していることがわかる（第1表）。企業の借入による資金調達が90年台前半をピークに長期的には減少基調であることなどから、貸出（非金融部門にとっての借入）は全体の25％にとどまり、国債等の債務証券がそれを上回る27％、株式等・投信が19％、対外直接投資と同証券投資は合わせて17％に上る。

第1表　国内非金融部門と海外部門の負債残高（2016年3月）

（単位　兆円、％）

	非金融法人企業	一般政府	家計	海外	国内非金融部門＋海外部門	構成比
預金	0	0	0	17	17	0
貸出	425	160	316	132	1,047	25
債務証券（国債、地方債、事業債等）	73	1,041	0	0	1,114	27
株式等・投資信託受益証券	765	14	0	0	793	19
対外直接投資	0	0	0	137	137	3
対外証券投資	0	0	0	548	548	13
その他（企業間信用・年金等）	313	30	76	90	513	12
負債合計	1,577	1,245	392	925	4,169	100

資料　日銀「資金循環統計」
（注）「国内非金融部門＋海外部門」には対家計民間非営利団体を含む

　農協、信連、農林中金の３段階トータルで、農協の組合員である個人を中心に資金を調達する一方、上記のような多様な資金の需要に応じて運用を行うという資産変換を行い、それとともに内外の資金の借り手に関する情報生産を行って金融取引の効率性を上げており、金融仲介機能が発揮されているといえるだろう。

(2)　決済機能

　預金取扱金融機関のもう一つの基本的な機能である「決済」とは、経済取引で生じた債務関係を解消することである。財・サービスの取引、さらに金融取引においても、それぞれ取引はその目的となった物と決済手段との交換によって完了する。日本銀行券とともに預金は債務の解消のために受け入れられており、決済手段として通用する。このため、預金取扱金融機関は、為替の仕組みを用いて決済を行っており、このことも、取引費用の低下につながる。

　農協では、送金、振込等の為替業務、為替業務をもとに発展した給与振込、年金振込、口座振替、ネットサービス、クレジットカード等さまざまな決済サービスを行っている。また、個人や企業が金融機関に振込みを依頼した場合に金融機関同士の決済を行うための仕組みである全国銀行内国為替制度に、農協は1984年、農林中金、信連は1979年に加盟し、加盟金融機関のどの店舗とも為替取引が可能となっている。

(3)　震災後の暮らしと営農の再開に向けた取組み

　東日本大震災後の農協の行動は、金融機関としての農協の基本的な機能を改めて確認させられるものだった。

　たとえば、宮城県のJA南三陸は、2011年３月11日の東日本大震災によって甚大な津波被害を蒙った気仙沼市、南三陸町が管内にあり、６支店のうち本店を含む３支店は津波で流出した。しかし、３月15日には、同JAは通帳・印鑑・キャッシュカード等を失った利用者のために、貯金の払戻しを開始している。さらに６月には津波で流出した２支店についてプレハブの仮設店舗を設置し、地域の他の金融機関に先駆け、壊滅

的被害を受けた地域で信用事業の通常の業務を再開した。当時、他の金融機関は相談業務のみを行っていたため、農協の店舗業務の再開は利用者に大変喜ばれ、毎日混雑していた[2]。

　また、組合員や利用者の営農再開や生活の再建に向けて、JA では個別の相談対応を行うとともに、相談会の開催やアンケートの実施により、組合員の現状とニーズを把握した。そのうえで、既往の借入金の返済猶予や条件変更に応じ、また新たな資金ニーズに対しては、制度資金や農林中金からの利子補給も利用して、無利子あるいは低利の資金の貸付を行った。

　東日本大震災による金融機関店舗の流出や機能の停止、通帳などの紛失によって、組合員や利用者の取引費用は膨大なものとなった。毎日の生活を送り、仕事をしていくために現金を手にすることや支払をすることは必須だが、金融機関が利用できなければ、そのために必要な時間や労力はどれほどであろう。しかし、震災後に迅速に地域の金融機関が金融機能を提供し、店舗を再開したため、取引費用は大きく低下した。

　農協では、職員が組合員などの利用者に面識があったために、通帳等がなくても円滑な貯金の払い戻しが可能であり、また地域に密着した農協であるため、撤退の迷いはなく店舗の再開も迅速なものとなったといえるだろう。

※1　金融仲介機能そのままについての詳細は、内田浩文（2010）『金融機能と銀行業の経済分析』日本経済新聞出版社を参照されたい。
※2　阿部國博（2016）「JA 南三陸の５年とこれから」『農林金融』３月

2．協同組織金融機関としての特性

(1)　金融危機後の協同組織金融機関の再評価

　07年の米国のサブプライム問題に端を発する世界的な金融危機後、国際的に協同組織金融機関の存在意義は見直された。金融危機による協同組織金融機関への影響は相対的に軽微であったこととともに、協同組織も含め多様なビジネスモデルによって金融システムが構成されていることがシステム全体の安定性に寄与すると認識されたのである。

　日本においても、金融審議会の「協同組織金融機関のあり方に関する
ワーキンググループ」は金融危機後の2008年の「中間論点整理報告書」
において、「協同組織金融機関の基本的性格や、その背景にある相互扶
助という理念は、地域金融及び中小企業金融の専門金融機関としての協
同組織金融機関に求められる役割を最大限発揮するために活かされる必
要がある。このことは、金融・資本市場の発展が見られる今日において
もなお、また地域経済の疲弊や格差の問題が指摘される今日であるから
こそ、より一層、あてはまるものと考えられる」と、協同組織金融機関
の存在意義を改めて評価した。

(2)　協同組織金融機関の原点

　世界で最初の協同組織金融機関は、19世紀半ばのドイツでシュルツェ
とライファイゼンによって別々に設立された。シュルツェは手工業者や
小売業者のために前貸組合を設立し、ライファイゼンは農村住民のため
に貸付組合を設立した。これら協同組織金融機関の創設期には、一般の
金融機関からは金融サービスを受けにくい農業者や手工業者などが組合
員となって、相互扶助の理念のもと、外部資金の借り入れへの連帯保証
や預金により信用リスクを組合員が負担しあい、組合員の借入を可能に
したのである。

　このような仕組みを可能にした要因として、次のような協同組織金融
機関の特性がある。

　第1に、組合員同士が職業など共通のつながりを持っていたことであ
る。共通のつながりを持ち、組合員同士が理解し合い共感できることが、
相互扶助のベースにあると考えられる。また、村単位など地域ごとに協
同組織金融機関が設立されたことも、組合員同士の連帯を可能にしたと
考えられる。それは信用リスクが高い組合員、また小口であるなど取引
に関するコストが高い組合員も貸出対象となることにつながった。また、
借り手の職業や地域が限定されていることで、協同組織金融機関はそれ
らの職業や地域への専門性を高めることができ、返済可能性の把握や融
資後の監視は容易となり、信用リスクが比較的高い場合にも融資をする

ことが可能になった。

　第2に、組合員のためという協同組合の目的、そして、総会における一人一票制や組合員の代表が役員として組合の経営に参画するという、協同組合の組合員中心のガバナンスによって、利益を追求するのではなく、組合員のために必要な事業を行うことが可能となった。

(3)　協同組織金融機関をめぐる環境変化

　しかし、今日、農協も含め国内の協同組織金融機関の多くでは、次のような環境の変化もみられる。以下は農協に限定して言及することとしたい。

　まず、農協の組合員が一般の金融機関からの融資が受けにくい状況は変化している。企業の資金需要、特に金融機関からの借入需要が減少したこと、加えて、IT の利用等によりリテール部門での取引コストは低下したことから、一般の金融機関が個人リテール分野での業務により比重をかけるようになっており、住宅ローンを中心に金融機関間の貸出競争は激化している。

　農業融資についても積極的な取組みを行う民間金融機関が増えている。加えて、農業融資が全体として伸び悩むなかで、日本政策金融公庫の農業貸付金は2007年度以降増加に転じている。これは、認定農業者向けに農協を含む民間金融機関に比べて低金利、長期の償還期間という有利な条件のスーパー L 資金について、さらにそのときどきの農業政策に対応して無利子化措置が行われたことや、従来、公庫資金は長期資金、設備資金が中心であったが、家畜導入や肥料、飼料代などの運転資金が増加したことなどが背景にある。この結果、農業融資についても、組合員の中で、公庫および一般の金融機関からはサービスが受けにくいという者の割合は徐々に低下していると考えられる。

　また、合併による農協の規模の拡大や組合員の多様化により、組合員間の共通のつながりが希薄化する傾向もあると考えられる。貯金と貸出金の利用者の多くは組合員であるため、結果として組合員同士の相互金融となるが、相互扶助を意識して借入者のために預貯金を行う組合員は

168

少ないと考えられる。

⑷　残る協同組織金融機関としての特性

① 組合員のためという協同組合の目的

しかし、農協においては、なお以下のような協同組織金融機関として特性が継続している。

第1は、農協法第7条1項に「組合は、その行う事業によつてその組合員及び会員のために最大の奉仕をすることを目的とする」とあるように、「組合員のため」という協同組合としての目的は変わらないことである。

山形県のJA山形市では、役職員が組合員、利用者のために考え行動することで、組合員と利用者の信頼を得ている。JA山形市では、「組合員のため、地域のため」と、管理職がくりかえしくりかえし職員に話す。職員は、「組合員のためという軸足を持ち、迷ったら組合員の視点から考える。組合員・利用者の役に立つこと、褒められることをする」ことが重要だと教育され、そのように組合員や利用者に接するなかで、感謝される喜びがわかる瞬間があるという。

「本当は、ローンで家を建てることはすすめたくありません」（第3図）という住宅ローンのパンフレットにもその姿勢は表れている。

2010年の冬に、他の金融機関の住宅ローンの金利優遇が大きくJAも金利引き下げをしないと申込みができないと、外務員からの声があった。これを機に、JAとしての住宅ローン営業を再構築するため、各支店から1名ずつ選抜し、2か月にわたって毎週勉強会を行い、農協の強み、良さとは何かをまとめていこうと話し合い、この住宅

第3図　JA山形市のパンフレット

ローンのパンフレットを作成した。

「本当は、ローンで家を建てることはすすめたくありません」「でも現実は、なかなかそうはいきません。私たちはあなたの夢を実現するために、コンパクトに建てて、余裕で暮らすという視点から、一緒に考えます。一緒に悩みます。そして提案します。お気軽にご相談ください」とある。建物をコンパクトにすれば、建設資金が少なく、借入金が少なく、固定資産税も安い。掃除も楽だ。生活にゆとりができ、老後の蓄えにも、子供の学資資金にも回る。JAの職員は住宅ローンについて、金利の話ではなく、何坪の家を建てるのか、どんな家を建てるのかという話から始める[3]。

このように、農協を利用してもらうには、組合員や利用者のためには何をしたらよいかを考えるということが、組合員や利用者への提案に結びついている。

② 組合員中心のガバナンス

第2は、組合員中心のガバナンスである。組合員中心のガバナンスが、組合員のために事業や活動を行うことにつながっている。このことは、組合員のためという目的とともに、信用リスクが比較的高い場合や、取引費用が高い場合にも、金融取引の対象となるということでもある。

JAの重要事項を決める総会あるいは総代会は、正組合員また正組合員である総代が一人一票の議決権を有する。また、理事（経営管理委員会設置組合でない場合）の3分の2は正組合員であり、また正組合員は役員や総代を選出する選挙権を持つ。

こうした農協法に規定されたガバナンスだけでなく、准組合員も含めた組合員が農協の意思決定に参画する機会は多く存在する。組合員や利用者は、農協の窓口職員や渉外担当者に自らの意見を伝えることもできるし、組合員や利用者向けのアンケートを実施するJAは多い。組合員や利用者は地域ごとの集落組織、生産部会、女性部、青年部、支店運営委員会などの組織や会議体に所属し、その活動や会議を通じて、JAの運営に関わり意見を伝える。

そのなかでも、多くのJAで年1～2回開催される集落座談会は、組

合員と役員が直接意見交換をする機会となっている。神奈川県のJAは
だので2016年の9月から10月にかけて開催された集落座談会からは、こ
の意見交換の機会を大切にする農協と組合員の様子が伝わってくる。

　JAはだのでは、16年の秋の座談会を83会場で開催した。座談会は、
集落組織である生産組合が主体となって運営されている。座談会の前に
は、広報誌『JAはだの』「秋の座談会特集号」を組合員に配って、上半
期のJAの状況や自己改革への取組みについて報告する。座談会には正・
准組合員とその家族、1,189人が出席し、そこで信用事業に関わるもの
も含め708件の意見や要望が寄せられた。意見や要望は、その場で役職
員が回答するだけでなく、農協の担当部署で検討、理事会でも協議され、
組合の運営に反映させる。主要な意見とそれに対する対応は、広報誌の
「秋の座談会報告号」で広く組合員に伝えられた[4]。

③　組合員との密接な関係

　第3は、農協と組合員が密接な関係を持っていることである。組合員
は農協とはさまざまな事業を通じて、また限定された地域において、長
期的な関わりを持っている。農協には、そうした組合員の情報が蓄積さ
れていて、それが適切な金融取引のために利用可能であり、組合員との
関係を多面的、長期的な視点から考えることにつながっている。

　一方、組合員も農協の組合員であるということを自覚しつつ、多面的、
長期的な視点で農協との関係を考えており、また農協へのロイヤリティ
は高いと考えられる。合併が進み、かつ店舗の統廃合も行われているも
のの、なお店舗網は稠密であり、また利用者に対する職員数も比較的多
く、渉外担当者の存在も大きい。店舗、職員ともに身近な存在として認
識されている。

　第2表は、JAを最多預入機関とする利用者に、JAの他の金融機関に
比べてよい点を聞いたものである。「出資している、組合員である」が
第2位、「外交員が来てくれる」が第3位であり、首都圏の金融機関の
利用者全体の回答とは大きく異なることがわかる。

　神奈川県のJA横浜では、毎年7月と12月に「一日皆貯金（いちにち
みなちょきん）」を行っている。それぞれ1週間程度の期間に、組合員の

第２表　JA を最多預入機関とする利用者は JA は他の金融機関に比べ何がよいと考えているか（複数回答）

（単位　％）

	JAを最多預入機関とする利用者①	首都圏居住者②
回答者数(人)	176	2,655
支店が自宅の近くにある	71.6	59.6
出資している、組合員である	42.0	2.9
外交員が来てくれる	31.8	7.0
身近な感じがする	31.3	16.9
金利、運用実績がよい	25.0	6.6
窓口・外務員の応対・態度が良い	23.3	10.8

資料　①農中総研「農協利用者版金融行動調査」
　　　②日経リサーチ「金融総合定点調査　金融 RADAR2015」
(注)　1.　調査期間は①2015年11－12月、②2015年10－11月
　　　2.　JA 利用者は全国を対象として調査を実施
　　　3.　①の回答割合上位６位までを記載

地域組織である支部の支部長と職員が組合員の自宅を訪問する。訪問する対象には、支部に所属する組合員で正組合員だけでなく准組合員も含まれる。その日、多くの組合員はあらかじめ農協から送られていた封筒に現金を入れて待っており、職員がそれを貯金として預かっている。

　この背景には、組織活動も含めた、組合員と農協との総合的で長期的な関係性があり、そのことが、取引費用の低減にもつながっていると考えられる。

④　農業者の協同組織金融機関

　そして、これらの特性は、正組合員である農業者の協同組織金融機関としての農協の特性でもある。農業者と農協の間には、集落組織や生産部会などの組織活動を通じ、また以下にも述べるように、営農経済事業も含めた総合事業の利用によって、多面的で、かつ長期的な関係性が存在している。その結果が、認定農業者の９割以上が農協を農業のメインバンク（農業部門での主要な取引金融機関）としているという当社のアンケート結果につながっていると考えられる。

　また、比較的小口で収益性が低く信用リスクの高い農業融資について、農協は、「組合員のための業務」であり、「農協の本来事業」として、積

極的に取り組んできた。

※3　佐藤安裕（2013）「講演記録　山形市農業協同組合の取組み〜協同組合性の発揮〜」『総研レポート』25調一№10
※4　「JAはだの秋の座談会特集号」、「JAはだの秋の座談会報告号」『JAはだの』2016年9月26日、2016年12月7日

３．総合事業性の意義

(1)　経営面からの意義

　戦後の農協創設時には、日本の農業経営が零細であるために農協は営農経済事業だけでは経営がむずかしいという観点から、地域住民も包含した組合員制度と信用事業を含む各種事業の兼営が必要という判断がなされた。日本農業の実態の理解に基づいて、戦後の農協には准組合員制度と総合事業制を含む制度設計が行われたのである。

　現在もなお零細な規模の農業経営体が大多数を占める。農水省「2015年農林業センサス」によれば、138万の農業経営体（経営耕地面積30a以上等事業規模が一定基準以上の者）のうち71％は農産物販売金額200万円未満、86％は同500万円未満である。

　農協の部門別利益をみると、営農指導事業、農業関連事業、生活その他事業の赤字幅は経済事業改革等の取組みによって縮小傾向にあるものの、信用事業、共済事業の黒字でその赤字を補てんするという構図は継続している。正組合員一人当たりの農協の販売・生産資材購買取扱高が少ない農協ほど農業関連事業の赤字の割合が高く[5]、農業経営の零細性が農協の農業関連事業の収益には強く関係している。

　また、専門農協では、主として解散や総合農協との合併によって、その数が大きく減少していることからも、営農部門の赤字を縮小する努力は今後とも必要だが、現時点では、総じて営農部門のみでの農協経営はむずかしいと考えられ、営農指導事業と農業関連事業を経営的に支えるという意味でも信用事業の役割は大きい。農協のさまざまな事業を利用する組合員・利用者の間で、そして全国の農協の組合員・利用者の間で、信用事業を通じて相互扶助が行われているといってもいいであろう。

(2) 組合員、利用者にとっての総合事業の意義

　もちろん、総合事業の意義はそれだけではない。以下では、農協の信用事業を利用する組合員や利用者にとって、総合事業という特性がどのような意味を持つかということについて整理したい。

　第1は、信用事業とそれ以外の事業が連携することによって、よりよいサービスを組合員や利用者が利用できるという点である。

　第2は、多面的な事業をまとめて利用することによって、取引費用を削減する効果が見込まれることである。

　第3には、農業者が農協の販売、購買事業、営農指導事業を利用することによって、農協は農業者の売上高や経費、経営状況などを把握することができるため、融資に関して適切な判断と提案が可能になる。このことも取引費用の低下につながっている。インターネットでの取引履歴（売上高等）を根拠として迅速な融資を行うトランザクションレンディングが注目されているが、同じような効果が農協の総合事業についても期待できるのである。

　以下は、営農部門と信用部門が連携することで、農業者の夢や課題を実現しているという事例である。

　JAとぴあ浜松では、51名の営農アドバイザーが管内の2,000余りの農家を担当し、基本的に1か月に1回以上訪問している。そのうち毎年5月から8月にかけては、担当する農家に将来の夢や希望、課題などを聞き取る「経営意向調査」を行っている。その調査から、農地を借りたい、ハウスを2～3年のうちには更新や建設をしたい、高齢化や規模拡大で雇用労働力を必要とするなど、農地、施設、農業用機械、労働力などにかかる農家のさまざまな夢や課題をみつけた。そして資金についてのニーズがあれば、9月から10月にかけて、今度は支店の融資担当者と営農アドバイザーがペアになって訪問する「担い手支援訪問活動」を行っている。再度の訪問で、農家に具体的な将来像を描いてもらうと同時に、資金に対する計画も意識してもらうのである。これらの活動によって、JAとぴあ浜松の農業融資新規実行額は近年増加している[6]。

　この取組みが成功している要因を考えると、第1に、営農アドバイザ

ーが、定期的な訪問の実施や農業技術や経営についての専門的な知識によって、農家との間に信頼関係を構築していることがあげられる。その営農アドバイザーに対して、初めて、農家は夢や希望、課題を語る。そして、農家と営農アドバイザー、そして融資担当者が協力して具体的な計画を作成し、夢が形になっていく。第2は、農業に関する専門性を有する営農アドバイザーと金融に係る専門性を有する融資担当者が連携していることで、夢の実現に必要な資金を円滑に農協から融資できることである。第3は、信用部門の渉外活動の手法が、この取組みに応用されていることである。渉外活動で重視されている定期的な訪問活動が、営農アドバイザーの活動に導入されて信頼の構築につながり、また同じく渉外ではあたりまえの、利用者についての今後の見込みも含めた情報収集が、農業経営に関する「経営意向調査」というかたちになった。

　このような事業間連携は、組合員や利用者にとって、よりよいサービスを利用できるとともに、営農と融資それぞれの専門的なサービスをまとめて利用できるという点からは、取引費用の削減にもつながっていると考えられる。また、農協が農業者の経営全体を把握できるという意味でも取引費用が削減できると考えられる。

※5　尾高恵美（2008）「農協における農業関連事業損益の現状と課題」『農林金融』4月に詳しい。
※6　JAとぴあ浜松営農生産部営農指導課（2014）「いまこそ事業間連携！！JAの総合力発揮による担い手支援」『農業協同組合経営実務』3月

4．農業と地域の課題の解決に向けて

　このように、農協の信用事業は、協同組織金融機関と総合事業の特性を生かすことで、組合員と地域の利用者を対象に、必要なサービスをより適切に提供することが可能になっている。さらに農協の信用事業に信連、農林中金での資金運用も含めれば、事業間および地域を超えた組合員・利用者間での相互扶助が、組合員を中心としたガバナンスのもとで行われているといえるであろう。それとともに、信連、農林中金も含めた3段階全体で、わが国の金融システムにおいて重要な位置を占めてい

る。今後、農協信用事業が求められているのは、これまでどおり、農業者および地域の金融面でのインフラとしての役割を果たし、また資金余剰主体から資金不足主体へと金融仲介機能を果たして行くことに加え、農業と地域が抱える以下のような課題を解決するための、より一層の役割発揮であろう。

すなわち、農業生産や農業経営の利益が減少基調にあること、農産物自由化の進展がこれに拍車をかける懸念があること、農業者の高齢化と後継者不足により農業の生産基盤の縮小が懸念されることなど、わが国の農業はさまざまな課題を抱えている。また、東京圏への一極集中が進む一方で、地方においては、一層の高齢化、人口減少、経済の縮小が懸念されている。

こうした課題の解決のためには、農協が信用事業によって相談や提案も含めた踏み込んだ対応をすることが求められており、そのためには協同組織金融機関や総合事業としての特性をより活用することが効果的であると考える。すなわち、組合員や利用者と長期的で親密な取引関係を深めることや、地域に根差した多面的な事業・活動を活用することがより重要になる。他事業の利用データや農業経営にかかる情報の活用や、そのためのシステムの整備も必要であろう。

農業や地域の課題を解決するために、組合員が協同して行動する場合には、信用事業が中心というより、むしろ農業関連事業や生活関連事業、あるいは組合員や地域住民のさまざまな活動が主役であり、信用事業は、他事業の利用や組織活動をする組合員、そして地域住民を支えるものとして他事業との連携を深める必要があろう。

さらに、課題解決のために、より高い専門性や地域を超えた事業が必要な場合には、農協と信連、農林中金との連携がより重要になると考えられる。

第11章

「総合農協」の価値と役割

小林 元

広島大学　生物生産学部　助教

1. はじめに

　この本誌連載企画は「JA の価値と役割」を問うものだが、各回の筆者それぞれの JA との関わり方に応じて、その求める価値と役割には多様性が見られる。それは、JA が総合農協だからであるが、言い換えればその多様性にこそ JA の価値と役割があるということであろう。そして、その多様性を内包する点が「総合」農協としての JA の価値であり、社会的な役割であるといってもよいし、総合性にこそ JA の価値と役割があるともいえる。

　他方で、改めていま、「JA の価値と役割」を見つめ直す必要が求められているのは、端的にいえば他律的に迫られる農協改革という、外的要因に起因する。平時であれば JA の価値と役割を見つめ直すことは、どちらかといえば日々の事業や活動に追われる中で後方に追いやられがちであろう。運動と事業の矛盾的統合体としての協同組合という組織的性格から考えるに、本質的な問いかけを後方に追いやることは、運動と事業の分離を進め、協同組合そのものが変質する恐れがある。

　わかりやすくいえば、事業優先の JA 運営であり、組合員の顧客化で

あり、協同組合の資本化傾向といってもよい。そうした意味では、外的要因といえども農協改革自体は、組合員、役職員自らが協同組合そのものを考えるきっかけとなったはずである。

しかし、JAの現場でも農協改革に対する温度差があるし、JAグループの内部でも温度差があることを実感することも多い。しかも、ここまで矢継ぎ早に次から次へと無理難題ともいえる"要求"が降りかかってくる中では、役職員も組合員も農協改革疲れに追いやられつつあるのではないだろうか。特にJAの役職員からは、「で、何をやったらいいのか」と問われることも日増しに多くなっている。

結論を先取りすれば、いよいよ農協改革は本丸としての信用事業に足を踏み入れる。それは代理店化による信用事業譲渡を迫りつつ、JAの価値と役割を限定しようとする動きであり、JAの価値と役割の根源にある総合性を解体する動きであろう。同時に、その背景にあるのは、市場のグローバル化であり、わが国の農業、農村、くらしを市場の外側へと追いやろうとする国の政治のあり様である。そうした意味では、農協改革は協同組合陣営に限らない、この国のあり方に関わる大きな国民的課題であるはずである。

本論では、いよいよ始まった信用事業の改革の方向性を、農協改革の全体像から見ていくことで探っていきたい。国が迫る信用事業の改革にどう対抗するのかという道筋は、いまのところ一つしか見出せなく、それはJAの組合員の声、組合員にとっての「JAの価値と役割」を結集する以外にない。必要な第一歩は、今、迫られている農協改革の本質を自ら考え、それと組合員や役職員の願いや思い、求められる「JAの価値と役割」が大きくずれていることを確認することである。

2. いよいよ始まった農協改革

今回の一連の農協改革が表舞台に出てきたのは2014年の4月の新聞報道であり、2016年の改正農協法の施行に至った。その後も2016年11月には規制改革推進会議の意見書が出され、農協改革は進行中であるが、いよいよ農協改革の本命である信用事業の改革の狼煙が上げられた。それ

図1　農林水産省が提示した信用事業譲渡のスキーム

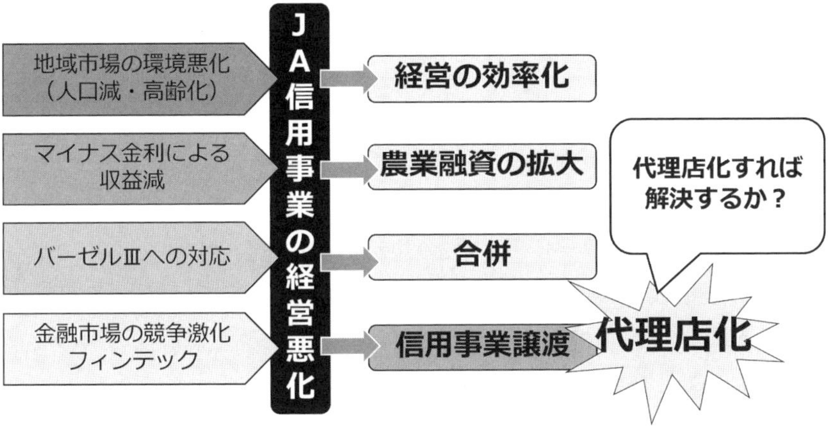

注：筆者作成。

は、農業協同組合新聞で取り上げられた新世紀 JA 研究会の課題別セミナーでの農水省経済局金融調整課組合金融グループリーダー・山田貴彦氏の講演である。その論旨を簡単に整理してみよう（図1参照）。

　人口減、高齢化などにより地域市場の環境悪化、マイナス金利による信用事業の収益減、バーゼルⅢへの対応、フィンテックなど金融市場の競争激化という四つの課題要因から、JA の信用事業の経営悪化が危惧されている。この経営悪化に対して、農林水産省では①経営の効率化、②農業融資の拡大、③合併、④信用事業譲渡の四つの解決策を提示し、その中で④信用事業譲渡による代理店化のみが道筋であるということを示した。講演では、「JA グループが自ら考えて欲しい」と強調されたが、その内容は信用事業譲渡こそが JA の生き残る道であると通告されたに等しい。ただし、信用事業譲渡のメリットこそ説明されたが、そのデメリットの説明はない。また、指摘されたメリットは、信用事業のリスクと負担の軽減であり、代理店として信用事業を営む限りにおいては金融サービスを維持できる、JA は代理店手数料を受け取ることができ収支の維持が可能ということだ。しかし、そこでは、JA は「総合事業体ではなくなるが」とされ、いよいよ総合農協の解体が明言されている。

山田氏の講演内容に関わっては、2017年1月6日付けの日本農業新聞で滋賀県立大学の増田佳昭氏が詳細に解説されているので、それを読んでいただきたい。ここでの論点は、いよいよ信用事業の改革という農協改革の本丸が姿を現したということである。

　農林水産省の担当官僚が、公の場で信用事業譲渡に言及したということは、狼煙が上げられたということと同じである。また、これまでのようにメディアの先行記事、その後の規制改革推進会議による高めのボールという農協改革の「手法」とは大きく異なる。それは農林水産省も本腰を入れた農協改革の本命ということになるし、改正農協法の次の改正に向けた議論が本格化したということになる。

3．本丸としての信用事業改革のルーツ

　農協改革の本丸が信用事業譲渡にあり、信共分離こそが農協改革のめざす到達点であることは、すでに多くの農協研究者から提言されてきた。今さら感があるが、改めてそのルーツを探ってみたい。そのルーツは、2006年5月31日に東京大学で開催された公共経済政策ワークショップでの現農林水産省事務次官である奥原正明氏（当時、農林水産省秘書課長）の講演にある。講演の妙録は、2017年1月現在、次のホームページ（http://www.pp.u-tokyo.ac.jp/graspp-old/events/workshop/summary/ws20060531.htm）に記載されている。その要点を抜粋すると次の通りだ。なお、抜粋のうち要点と思われるところに筆者が下線を挿入している。

①奥原氏が語る「農協の何が問題か」

　「平成7年に食糧管理制度が廃止となったあとでも、コメの生産流通への市場原理の貫徹、国の関与をめざす行政の考え方と農協の考え方は必ずしも一致していない。」

　「農協が時代の変化に十分対応できていない背景には、農協組織の肥大化・硬直化があると考えられる。その結果『組合員のための組織』というより『組織のための組織』という側面を強めている農協も各地にみられる。」

「農協に求められる役割は、何よりも農業者へのサービスであるが、これが十分機能しているとはいえず、農協の存在理由そのものが問われるに至っている。」

②奥原氏が考える「農協改革の基本方向」

「農協は民間組織であるため、基本的に自らが改革すべきものである。ただ、金融については、預金という公共性から銀行・信金と同様に法的な強制力をもつことが可能であるため、これを農協全体の改革の契機として利用してきている。」

「平成13年には、14年からのペイオフに向けた対策としての法改正を行い、農林中金の指導の下で全国の農協組織の金融業務を一体的かつ健全に運営する仕組みを作った。金融能力の乏しい農協の信用事業を限定したりやめさせたりする農協組織全体としてのルールを作り、また、行政が徹底的に個別指導することで、ペイオフにも対処できるような体制を確立した。この法制度の整備の結果として、農林中金に対する格付け機関（ムーディーズ）の格付けも上昇した。こうした金融の改革を契機に、同時並行で農協の事業・組織全体の改革を推進している。」

③奥原氏が考える「農協改革のポイント」

「農協は、農業者にとって意味あるサービスを提供しなければならない。そのためには自らが『農業者のための組織』であることを常に自覚しながら業務を執行し、肥大化した組織や旧来の経営方法を改めていかなければならない。」

「農協がリスクをとって販売することも考えていく必要がある。リスクがあれば、真剣に販路開拓の努力をすることになり、収益も増大する可能性が生じることになる。」

④奥原氏が考える「協同組合の将来」

「協同組合は『非営利』であるから利益を出す必要はないという誤解（非営利とは、出資に応じて配当することを目的とする組織ではないというだけ

のことである）から脱却し、メンバーのメリットを最大にするように努力しなければならない。<u>今回の抜本的な会社法改正も踏まえ、会社と協同組合の異同、協同組合法制の将来のあり方についても、よく検討していく必要がある。</u>」

4. 農協改革の構図

　奥原氏の講演を見る限り、今からおよそ10年前に、今日の農協改革の方向性が打ち出されていることがわかり、今日の農協改革がその道筋で進みつつあることがわかる。ということは、信用事業譲渡の先には改めて「農協の事業・組織全体の改革」が待っているのであり、さらにその先には「協同組合法制の将来のあり方」が検討課題にあることがわかる。すなわち農協改革の先には、協同組合自体が突きつけられ、官僚が考える「協同組合像」というものが求められるということになる。協同組合に結集する組合員の願いや思いと関係なく、また組合員が求める JA の価値と役割とは関係なく、JA や協同組合の価値と役割は、制度として「書き換えられ」ようとしているのだ。

　ここで、農協改革の構図について、改めて見ていきたい。その構図を簡単に模式図化するならば、次頁図２のとおりである。

　これを見ると、その中心に農林水産省が位置し、その周囲に表舞台に出てくる登場人物として官邸、与党、規制改革推進会議、財界が位置する。また、表舞台には出てこないが官邸の政策決定に大きく関与する霞ヶ関の省庁や、規制改革推進会議の意見に影響を与えたと考えられるACCJ（在日米商工会議所）も隠れたプレイヤーとして位置する。

　その基本的構図は、①行財政改革の中で農林水産省予算の逓減と農業の“産業化”を図ろうとする霞ヶ関の意図、すなわち「農業改革」を狙う官僚の意図と、②農業の“産業化”という「農業改革」と共に、信用事業のリスクを抑えたい農林水産省官僚の意図が、③官邸に働きかけ、官邸は乏しいアベノミクス第三の矢の成果として、農業改革と農協改革を進めるべく、④それを官邸と農林水産省が規制改革推進会議を使って「打ち上げる」といったところだ。

図2 今日の農協改革の構図

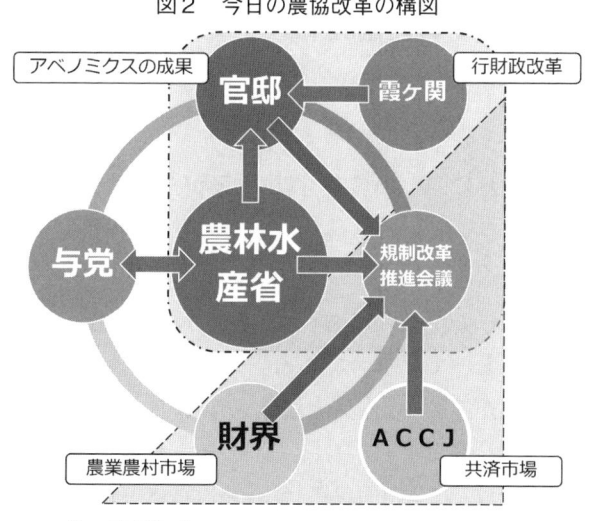

注：筆者作成。

　もちろん、こうした制度としての農協改革の裏側には農業農村市場を狙う⑤財界なり、⑥外国資本なりが存在し、それらもまた④規制改革推進会議を利用している。同時に、②農水省官僚もまた、規制改革推進会議を利用していることは明らかである。対して、⑥与党は農協改革の外側に位置し、農林水産省と官邸の顔色を見ながら、そして財界の顔も見ながら、落としどころに落とすという役割のみを担っている。

　これが、2014年段階の農協改革であったならば、農林水産省は裏方に回り、あまり表舞台に出てこなかったので、農林水産省を堂々と構図の真ん中に位置することはためらわれた。しかし、いよいよ本命の信用事業の改革では、担当官僚が講演の中でその方向性を語るという形で、表舞台に出てきたのである。ということは、規制改革推進会議の意見なり提言というものは、観測気球であったり高めのボールであったり、というところが関の山（その"関の山"も度が過ぎるので問題だが）で、目を向けなければいけないところは、ど真ん中に鎮座する農林水産省ということになる。そして、そのルーツなりが、先の奥原氏が考える「農協像」ということになる。

5．農業改革としての農協改革

　ただし、農協改革を考えていくうえで重要な点がある。表舞台に信用事業が出てきたが、安倍政権が最大の目標とするところは「農業改革」である。2013年12月に四つの農業・農村政策が打ち出され、農林水産業・地域の活力創造プランの中で「農業改革」の目標が明記されている。いってみれば、農協改革は見栄えがいいが、それ自体は「岩盤に穴をあける」という国民向けのポーズに過ぎず、自由貿易協定をにらんだ農業改革のほうが官邸にとっては本命である。

　その官邸の姿勢が端的に出た一つが、2016年11月の規制改革推進会議の意見書であろう。意見書の中身は、①全農を対象に事業の否定、組織の再編まで踏み込み、②信用事業譲渡の数値目標と期限を盛り込むといった"過激な"内容であった。それへの反発は、民間団体に対する国家の過度な介入として批判を受けたし、JA グループの反発も大きかった。結果、与党のとりまとめによって農協改革にかかる分野の書きぶりは多少後退した。

　しかし、この規制改革推進会議の意見書の狙いは別のところにあったようである。それは、その後の「農業競争力強化プログラム」にあり、その本命は農業改革だったということになる。

　このプログラムの中には、土地改良制度の見直しやチェックオフ制度・収入保険制度・原料原産地表示制度の導入などが盛り込まれた。その中に紛れ込む形で、我が国の農業にとって重要な課題も盛り込まれている。それは、主要農作物種子法の撤廃、卸売市場法の抜本的改正、農業資材などの国際基準準拠である。

　このうち卸売市場法の抜本的改正は後退し、その後の関連法案の提出時には削られたが、残る主要農作物種子法の撤廃と、農業資材などの国際基準準拠は堂々と残っている。

　主要農作物種子法は、国や地方行政が稲など主要な農作物の育種に責任を持つといった制度であり、過去の制度改正で民間企業の参入も認められたが、実態としては地方行政が中心となってわが国の主要な農作物

の種子は開発、管理されてきた。ところがこの法律が撤廃されると、多国籍メジャーが遺伝子特許を有するＦ１の種子が国内に入ってくることが可能となる。多国籍メジャーの一つの戦略は、Ｆ１種子に適合する農薬、肥料、資材、さらに栽培方法までセットで販売し、遺伝子特許を盾に地域農業をモノカルチャー化するところにある。とすれば、主要農作物種子法の撤廃とセットで農業資材の国際基準の準拠をすることで、多国籍メジャーへの扉を開いているのである。

　農業資材の国際基準準拠の書きぶりは、わが国農産物の輸出拡大にあるが、少なくともそれだけではないであろう。では、ただちに多国籍メジャーのＦ１種子がわが国の農村に入ってくるかというと、それは知りえない。しかし、少なくとも今回の農業競争力強化プログラムは、そうした扉を開くのである。

　翻って見ると、あまりに稚拙な"全農改革"ばかりに目をとられ、しかも拙速にことが進められたために、どうやら肝心な議論を見逃していたようである。政権が考える「農業改革」の一端は、わが国農民の発展という話ではなく、農民と別の人々の利益につながる議論である。実際に、過去には規制改革会議の中で担当副大臣が次のような発言を残している。現政権がめざす「農業改革」を端的に表す発言なので、以下に残しておきたい。

　「いろいろな金融技術を使うと、結局オーナーシップとリーシングというのは、最後はコンバージするわけであり、所有を解禁することによって耕作放棄地の解消、また所有権不明の土地の土地バンクによる買い取り、あるいはJ-REIT方式の導入など、様々な外資導入も含め活性化効果、流動化効果が画期的に期待できると思う。」

（2013年５月30日第11回規制改革会議議事概要：寺田稔内閣副大臣（当時）の発言）

６. 求められる「総合」農協の価値と役割

　農協改革は、いよいよ、その本命の信用事業に入った。同時に、その裏側では着々とわが国農業が切り捨てられていく。農業政策は産業政策

に特化し、しかもその対象を担い手＝認定農業者、認定就農者、集落営農に限定し、その展望も規模拡大、輸出、原料供給部門化に限定されつつある。いわば、わが国農業が有した多様性と、農業の大衆性は切り捨てられる。その一里塚にあるのが農協改革といってもよいだろう。地域の基幹産業としての農業が切り捨てられるならば、地域農業を面的に支え、地域の暮らしを支えてきた JA はお役ごめんであるということだ。同時に JA の総合性を解体し、産業政策として限定された農業政策の下請け機関としてのみの農協として位置づけられようとしている。政策下請け機関を民間組織の農協が担うことで、かつ政策対象を限定することで政策コストを下げようという霞ヶ関なり官邸の意図も見え隠れする。

　少なくとも、直面する課題は JA の総合性であり、総合性が信用事業の改革を通して解体されようとしている。今後の道筋は、①信用事業環境の悪化への対策としての信用事業譲渡≒代理店から出発したが、②公認会計士監査に耐えうるかどうかという点からも代理店化が迫られ、そして今から２年半後には、③准組合員の事業利用規制の議論から代理店化に追い詰められるといったところであろうか。

　対して JA では、真剣にその運営のあり様を見直し、少なくとも①と②に対しては冷静な組織運営の中で対処する必要がある。そのうえで③については、残される対応方法は一つしかない。それは、組合員の声である。正組合員が准組合員を必要とし、准組合員が JA の理念に共感し、すべての組合員が JA の価値と役割を認識すること、そしてその必要性を組合員自らが訴えていくことだ。そのためにも JA の価値と役割についてもう一度見詰めなおし、組合員に伝え、組合員としっかりと話し合うことが役職員には求められる。

　その中では、地域農業振興の役割がもっとも重要な論点だが、信用事業に関わって「なぜ JA に信用事業が必要なのか」、信用事業の価値と役割についても明確化することが求められている。それは、過去に信用事業が必要だったということではなく、「いま、なぜ JA に信用事業が必要なのか」、その価値と役割の明確化である。

あとがき

　本書は、JA の価値と役割を組合員と役職員とが共有することによって自らの歩むべき方向を定めるための書として企画され、執筆された。当然、この議論の背景には現在進められている政府の農協改革と JA の自己改革とがある。

　執筆陣は、現在の JA を語らせたら第一級の論者たちによって構成されている。今回、全章を読み通したが、それぞれの思いが詰まった力作ぞろいで、編者にとっても改めて勉強する機会が与えられたと告白せざるを得ない。

　力作ぞろいの論考を一つ一つ取り上げ、全体をまとめることは容易ではない。この「あとがき」では、編者としてではなく、一人の読者として得られた JA に関する大きな構図の一端を述べて、筆者に与えられた責任を果たしたいと思う。

＊

　協同組合と一般会社（資本制企業）との違いから始めたい。この観点から言うと、協同組合は「組織という土台があり、そこに事業という柱が立ち、その上に経営という屋根が乗っている構築物」に擬すことができる。これに対して、資本制企業は「資本という土台があり、そこに事業という柱が立ち、その上に経営という屋根が乗っている構築物」と表すことができる。

　土台、柱、屋根は、そのいずれか一つが欠けてもまともな構築物にはならないという意味で、相互関連性を持っている。同時に、貧弱な土台に太い柱は立てられず、立派な屋根も乗せられないという意味では、土台の強固さがとりわけ重要であり、それによって柱、屋根の立派さも決まるという関係がある。この関係は協同組合であろうと資本制企業であろうと変わりはない。

　協同組合と資本制企業との大きな違いは、土台の構成要素が異なるとい

う点である。組織すなわち人の結合か、資本すなわちモノ・カネの結合かの違いであるが、言うまでもなく、協同組合においては人の結合が質の面でも、量の面でも弱まれば、次第に事業が傾き、経営も傾いていってしまうという性質がある。

資本制企業がモノ・カネの結合に細心の注意を払うのと同様に、あるいはそれ以上に、協同組合は人の結合に細心の注意を払わなければならない。人の結合が協同組合の土台となっているからである。

ただし、急いで付け加えなければならないが、協同組合ではモノ・カネの結合に注意を払わなくてもよいと言っているわけではない。協同組合でもモノ・カネの結合は重要である。重要ではあるが、人の結合に細心の注意を払うことで、結果的にモノ・カネの結合も強固になるという性質がある。仮に人の結合を軽んじてモノ・カネの結合だけに走れば、協同組合ではなくなる。

＊

ただ現下の JA が直面する問題はそう単純ではない。政府の農協改革では、規制改革会議（現・規制改革推進会議）を動員して、土台（組織）を壊し、柱（事業）を壊し、そしてまともな屋根（経営）を乗せられないように画策しているからである。

悪意に満ちたこの画策に対して、筆者は「地域インフラ」論で対抗したいと考えている。言い換えれば、土台、柱、屋根からなる構築物を地域社会が共有する「地域インフラ」とみなし、そうすることで国にはそれを壊す権利も能力もないのだと主張したいのである。

協同組合を「地域インフラ」とみなす理由は、その歴史性に基づいている。1889（明治22）年に町村制が布かれたが、その2年後に内務大臣となった品川弥二郎は、この町村制を確固たるものにするために信用組合の設置を構想した。実際には信用組合法案は流れて産業組合法が成立したが、その本質は何ら変わっていない。町村経済の中心に産業組合を据えるという点では同じだったからである。

当時の農業・農村の地位は、今とは比べものにならないほどに高かった。国内生産額（GDP）で見ても、わが国には農業国と呼ばれる現実があったし、

輸出は生糸と茶が主要産品を占めていた。国家財政の基礎をなす納税額も農業（地租）が最も大きく、そこから集めた国税を非農業部門へ投入し、殖産興業政策を推進していった。多額納税者も農村に多く在住していたのである。

品川が考えたのは、こうした地域の農業的基盤に着目し、最低でも一つの小学校を作るために設置された各町村において、経済拠点としての信用組合（産業組合、以下同じ）を作らせることであった。つまり、産業組合は、役場（農会を含む）、小学校、郵便局などとともに主要な地域インフラを構成し、地域において「なくてはならない存在」として位置づけられたのである。

政府の意図は、こうした「地域インフラ」を全国的に整備することによって明治日本の近代化を促進し、天皇制の中央集権国家をつくることにあった。同時に、それは、伝統的な共同体を解体し、バラバラな個人を生み出すことで国家の統治を容易にし、藩政村（大字）や自然集落（小字）を新たな町村制のなかに組み込むことにあった。そして、その主役として期待されたのが、地域における経済的・社会的・政治的リーダーたる耕作地主層（手作り地主層）であった。

*

実際に、彼らは信用組合を基軸に購買・販売・利用組合を兼営する産業組合を設立し、発展させていった。

では、それによって伝統的な共同体が解体されたのかというと、そうではなかった。日本の共同体というのは、制度なり支配者が変われば簡単に壊れるような単層的な共同体ではなかった。共同体そのものが多数の小さな共同体（本家・分家関係の共同体、職業ごとの共同体、檀家や氏子たちの共同体、信仰組織・娯楽組織・助け合い組織などの機能をもつ結や講の共同体など）によって構成される多層的な共同体だったからである。

内山節著の『共同体の基礎理論』によれば、興味深いことに、わが国の共同体は生と死、自然と人間を一体的にとらえる共同体として発達したとされる。このことは、封建領主による上からの支配が共同体に及ぶ

ことは少なく、民衆が自律的に作り出す共同体として観念されていたことを表している。こうした特徴を持つ共同体が、幕藩体制のもとで発達した「自治村落」（齋藤仁）と通底していることは明らかである。

内山氏によれば、日本の共同体の特徴はその自治力の高さにあるとされる。自治力の高さは共同体が自然と人間の共同体として作られていただけではなく、生と死を包み込んだ共同体として作られていたことによるものだった。

言うならば、日本の共同体は、生きている世界だけではなく、死後の世界も持っていた。人の死後は森の中で自然と一体となり、神＝仏となって村を守ると信じられていた。キリスト教のように、死後において神の世界に召還されるということはない。その意味で、日本の共同体は、そこに生きる者にとっては永遠の世界であり、そうであるからこそ外部の力で壊されてはならない世界だったのである。

自然や死後の世界を含めて共同体を保全しようとすれば、人間同士の取り決めだけでは十分ではない。共同体自治と呼ばれるものの中には祭りや年中行事も含まれていた。それゆえに、現在、われわれが伝統的な地域文化と呼んでいるものの中には、文化と同時に自治の仕組みが内蔵されていたと考えるべきである。ここで文化とは、倫理とか道徳という意味を持っている。

村人（ムラビト）が守ろうとしたものは、自然と死後を含めた共同体であり、それが守られるという限りにおいて、権力に対して「服従」の姿勢をとった。ただし、それは本心からの「服従」ではない。「面従腹背」と呼ばれる、今日までも受け継がれる日本的な抵抗の様式である。この「面従腹背」の精神の中に、永遠なるものとしての共同体の基本的性格を見出すことができるのである。

*

JAの価値と役割とは、こうして何世代にもわたって育まれてきた多層的な共同体を「土台」とする一方、その「土台」を常に補強することによってその永続性を確保することにあると考えられる。そのための手

段として100年以上にわたって「地域協同組合かつ農業協同組合」が運営されてきたが、そこでは信用・購買・販売・利用・共済事業などの複数の「柱」が立てられており、その上に健全経営という名の「屋根」を乗せる努力も払われてきた。JAは事業単営の協同組合ではないから何本かの柱が立っているが、この仕組みこそが安定した屋根を乗せるための基礎条件を成していると言ってよいだろう。

　ここで、政府の農協改革と、JAの自己改革の違いを明らかにしなければならない。

　政府の農協改革は、公（政府）による上からの改革であって、「JAをつぶす改革」である。これに対して、JAの自己改革は民（個人）による下からの改革であって、「JAを生かす改革」である。つぶすか、生かすか、この理念の違いは大きい。

　しかし、JA全中の自己改革案では、この理念の違いは明瞭ではない。少なくとも下から見て、理念の違いを際立たせるような努力は払われていないと言ってよい。

　なぜか。JA全中の自己改革案は「農業者の所得増大」「農業生産の拡大」「地域の活性化」から成っているが、この3本柱はごく普通のJAから見れば、日常的に取り組まれている経営課題であって、これらに取り組むことが「改革」とはならないからである。

　では、JAの自己改革とは一体何であり、何をしなければならないのか。端的に言うと、それは役職員の「意識改革・行動改革」である。というのは、どんな改革案を高く掲げようとも、この種の改革なしには所期の目標を達成できないという意味で、基本的かつ本質的な課題となっているからである。

　言い換えれば、JAの自己改革は役職員の「意識改革・行動改革」だと率直に認め、その実践に真摯に取組まない限り、組合員から「なくてはならないJAだ」という評価はもらえないだろう。拙著『JAで「働く」ということ』では、そのための取り組みを「全員経営」と表現し、その具体的な展開方法を提示した。ここではそれを詳述できないが、各JAにおいて今すぐにそれを実践してほしい。

ただし、役職員の「意識改革・行動改革」に取組めば、それですべてが解決するという話でもない。政府の農協改革に対しては毅然たる態度で臨むとともに、万全の準備を整えることが重要である。言うならば、政府の農協改革とJAの自己改革は、その両方に十分目配りすることが重要なのである。

　筆者なりに政府の農協改革の筋書きを見通すと、監査法人監査の導入によって信金・信組並みの経営態勢の確立を要求し（平成31年度問題）、准組合員事業利用規制の導入を掲げることによって信用・共済事業の分離または譲渡を要求する（平成33年度問題）というものである。いわば第一弾、第二弾の「波状的な攻撃」を考えているのである。

　第一弾については、監査法人への監査レビューの設定次第で、政府はJAに対して信用・共済事業の分離または譲渡を直ちに求めることが可能である。監査法人をして「あなた方の経営態勢では信用・共済事業を営むことは困難だ。監査証明は出せない」と言わしめることができる。つまりJAの間接支配の道が開かれている。

　このような負の烙印を押されないようにするためには、信用・共済部門のみならず営農・経済部門の経営健全化と内部統制の確立が喫緊の課題となる。それへの対応を遅くとも来年度、つまり平成30年度中に完了しなければならない。ただ、時間が圧倒的に足りないのは事実である。同時に、その頃にはすべてのJAが信用事業収益の減少に直面することも予想されており、施設集約や人員削減など容易ならざる対応を余儀なくされる恐れもある。

＊

　こうした政府の攻撃を跳ね返す運動を展開するためには、JAの役職員だけではなく組合員の参加も求めなければならない。JA攻撃は自分たちへの謂われなき攻撃だと理解し、反対声明などを出すとともに、選挙などの場面を通じて不服従（政治的中立）の態度を表明しなければならない。条件反射的な与党議員への「推薦」は将来の災いの原因となるだけである。自らの立場を守るためには、役職員と組合員が一体となっ

て協同組合の原点に立ち返り、JA 運動とは何かを模索することがとりわけ重要であると言ってよい。以下はそのための処方箋である。

ICA 協同組合原則は、その第 7 原則【地域社会（コミュニティ）への関与】において「協同組合は、組合員が承認する政策にしたがって、地域社会の持続可能な発展のために活動する」を掲げている。この原則を深く理解する上では、協同組合が地域社会に接近する場合の「社会哲学」を確立することが重要である。単純に地域貢献活動に取組むことだと解釈するのは拙速である。

その回答はすでに本書第 2 章の菅野孝志氏（「JA の役割を考える」）によって与えられている。菅野氏は「高い倫理観のもとに、『環境・自然・山・川・農地・海』を守り育てる防人であること」を JA の使命だと指摘している。この指摘は、わが国の共同体（地域社会）が生と死、自然と人間を一体的にとらえる共同体として発達してきたというわれわれの理解と符合している。

共同体に暮らす人びとに純粋な「個人」はいない。多かれ少なかれ、家族なり集落といった人と人のつながりの中で生きている。共同体の人びとの暮らしは地域固有の自然資源（山・川・農地・海など）と結びついて独自の文化や伝統、道徳・倫理などを形成してきた。いわゆる「助け合い」や「支え合い」の活動もそのような観念の中から生まれてきたと言ってよいだろう。

だが、そこで成立している伝統的な共同体は今や解体されようとしている。共同体に成立しているさまざまな人間関係は分断され、純粋な個人に還元されることによって「公」すなわち政府は遅れた社会の近代化を成し遂げることができるし、「私」すなわち市場はより大きな利潤を獲得できるようになる。

共同体の解体によって、バラバラになった個人が幸福になれればよいが、実際にはそうはならない。都市がそうであるように「公」と「私」とりわけ「私」が縦横無尽に動き回る結果、個人が押しつぶされてしまう危険性をはらんでいる。人は人としての規範を失い、社会的孤立や貧困・格差の拡大がもたらされるようになる。

図　「伝統的な共同体」から「新たな公共」へのパラダイム転換

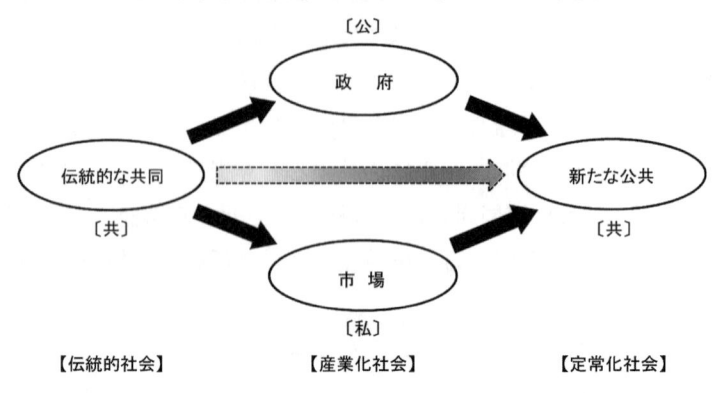

注）広井良典編著『福祉の哲学とは何か』p.24の図を修正して掲載。

　図に示してあるように、今起こっていることは伝統的な共同体が解体され、そこに暮らす人びとが「公」と「私」に引き寄せられようとしていると理解できる。では、こうした動きに対して協同組合は何をしなければならないのか。一つは抵抗することである。というのは地域の関係性を分断して人びとは幸福にはなれないからである。このことから、JAには助け合い、支え合いなどの活動を通して地域の人びとがよりよく暮らせる社会をつくるという任務があると言ってよいだろう。

　もう一つは伝統的な共同体を「閉ざされた系」として存続させるのではなく、「開かれた系」として開放し、異質な他者との交流を活発化させることが求められる。農村と都市との間には、あるいは伝統的な共同体を基礎組織とするJAとその他の種類の協同組合（生協・労協などの都市型の協同組合）や地域団体（社会福祉法人やNPOなど）との間には、文化的な違いがあるが、その違いを否定するのでなく、お互いに尊重し合いながら新しい関係性をつくることが必要である。ここではこのような関係性を「新たな公共」と呼んでいる。

　この図では、「新たな公共」の共通理念として「共」による「定常化社会」を掲げている。これに対して、伝統的な共同体の諸個人を「公」と「私」に引き寄せる社会は「産業化社会」と呼んでおり、市場化、産業化、情報化、金融化などがその推進力となっていることを忘れてはな

らない。

　ここで「定常化社会」とは、産業化社会の進展によって生起する環境・資源制約に直面した諸個人が物質的生産の更なる拡大ではなく、精神的・文化的発展に重きを置くような社会を構築することを表している。いわゆる「持続的な社会（Sustainable Development）」なり、「誰もが取り残されない社会（No one will be left behind）」を指していると言い換えてもよい。

　自然を征服した（と誤解した）近代化社会とは異なり、しょせん人間は自然の循環の中でしか生きられない生き物だと強く自覚し（地球倫理の形成）、地域循環の中で「食料」「エネルギー」「助け合い・支え合い」が確保できるような定常化社会をつくることが重要である。それはまた内橋勝人氏が提唱する「FEC自給圏」の構想に近いものである。

　来るべき「定常化社会」においては、農村と都市は対峙するものではなく、共生するものとみなし、人の交流や心の交流を通して新たな関係性を構築していかなければならない。「共同体の庇護者」たる役割を期待されているJAにあっては、こうした社会変革の促進者としての役割を積極的に果たしていくことが重要である。

石田正昭

龍谷大学　農学部　教授

【編著者略歴】

石田　正昭（いしだ　まさあき）
1948年東京都生まれ。東京大学大学院農学系研究科博士課程単位取得退学。
三重大学教授を経て、2015年より龍谷大学農学部教授。専門は地域農業論、
協同組合論。主な著書に『農協は地域に何ができるか』（農文協）、『JA の歴
史と私たちの役割』（家の光協会）、『食農分野で躍動する日欧の社会的企業』
（全国共同出版）など。

小林　元（こばやし　はじめ）
1972年静岡県生まれ。広島大学大学院生物圏科学研究科博士課程後期修了。(一
社) JC 総研を経て2015年より広島大学生物生産学部助教。主な著書に『農山
村再生の実践』（農山漁村文化協会／共著）、『JA は誰のものか』（家の光協
会／共著）、『地域は消えない』（日本経済評論社／共著）など。

JA の価値と役割

2017年10月1日　　第1版第1刷発行

編著者	石　田	正　昭	
	小　林	元	
発行者	尾　中	隆　夫	

発行所　全国共同出版株式会社
〒160-0011　東京都新宿区若葉1-10-32
電話 03（3359）4811　FAX 03（3358）6174

©2017　Masaaki Ishida, Hajime Kobayashi　　印刷／新灯印刷（株）
定価は表紙に表示してあります。　　　　　　　Printed in Japan